ISBN   3-550-07854-4

Ein Buch der Partner stern und Ullstein Buchverlage

© Ullstein Buchverlage GmbH, Berlin 2005
Alle Rechte vorbehalten.
Druck und Bindung: Mohn Media GmbH, Gütersloh
Printed in Germany

Herausgeber: Thomas Osterkorn und Andreas Petzold
Art Director: Tom Jacobi
Fotodirektion: Andrea Gothe
Redaktion: Hans-Hermann Klare, Peter Meroth
Mitarbeit: Christian Parth
Gestaltung: Andreas Fischer, Susanne Bremer
Bildredaktion: Harald Menk, Anke Bruns
Infografik: Maria Steffen
Dokumentation, Schlussredaktion: stern

Wissenschaftliche Beratung: Dr. Hanne Chen (Cambridge),
Dr. Cornelia Mallebrein (Tübingen), Kantor Frank Barth (Grefrath),
Dr. Axel Bruns (Rangun), Prof. Dr. Heinrich von Stietencron (Tübingen),
Prof. Dr. Hartmut Zinser (Berlin)

TEJA FIEDLER, PETER SANDMEYER

Die sechs Weltreligionen

Alles über Buddhismus, Judentum, Hinduismus, Islam, Taoismus, Christentum

ULLSTEIN

Teja Fiedler

Teja Fiedler, Jahrgang 1943, ist Germanist und Historiker. Er schreibt seit 1981 für den stern, u.a. aus Rom, Washington und New York. Sein Spezialgebiet sind historische und zeitgeschichtliche Serien. Für die »Sechs Weltreligionen« war er bei den Kuna-Indianern in Panama, in Taiwan, in Ägypten und in der jüdischen Gemeinde von Antwerpen.

Peter Sandmeyer

Peter Sandmeyer, Jahrgang 1944, ist promovierter Kulturwissenschaftler und seit 21 Jahren Reporter beim stern. Seine Schwerpunkte sind Kulturgeschichte, Ethnologie und Psychologie. Für die »Weltreligionen« recherchierte er in Indien, in Burma und auf dem spanischen Jakobsweg nach Santiago de Compostela.

Harald Schmitt

Harald Schmitt, Jahrgang 1948, ist in Trier zum Fotografen ausgebildet worden, arbeitete 3 Jahre als Sportfotograf und 4 Jahre für die Agentur Sven Simon in Bonn. Seit 1977 ist er stern-Fotograf, die ersten fünf Jahre mit einer Akkreditierung in Ost-Berlin. Für die »Weltreligionen« fotografierte er in Panama, Ägypten, Taiwan, Indien, Burma und Antwerpen.

Peter Thomann

Peter Thomann, Jahrgang 1940, lernte das Fotografen-Handwerk in Emmendingen, studierte dann an der Folkwangschule in Essen, und ist seit 1968 stern-Fotograf. Pflegt neben Bildjournalismus künstlerische Fotografie. Für die »Weltreligionen« war er auf dem Jakobsweg und in Santiago de Compostela.

Inhalt

Warum glauben wir? 8

Buddhismus 18

Judentum 50

Hinduismus 82

Islam 112

Taoismus & Konfuzianismus 144

Christentum 168

Die Fragen der Gläubigen 200

Erleuchtung im Dunkel des Lebens
In allen Religionen hat das Licht brennender Kerzen symbolische Bedeutung

Warum glauben wir?

Fast fünf Milliarden Menschen bekennen sich zu einer der sechs Weltreligionen. Sie beten zu Jesus oder Allah, sie pilgern zum Berg Kailash in Tibet oder zur Kaaba in Mekka, sie folgen den Geboten der Thora oder streben nach einem Ende ihrer Wiedergeburten. Sie ersehnen himmlischen Frieden, manchmal auch heiligen Krieg. Der Siegeszug der Wissenschaft hat nichts daran geändert, dass die Menschen Sinn und Orientierung in einer göttlichen Ordnung suchen — wie zu Abrahams Zeiten

Kein Löwe betet. Keine Gazelle glaubt. Nur der Mensch kennt Glaube, Hoffnung, Liebe. Denn er kennt die Furcht. Tiere erleben Schreck, Stress, Panik – körperliche Reaktionen auf Bedrohung. Aber sie kennen nicht die Kategorie des Möglichen. Sie haben keine Angst. Nur Menschen besitzen Verstand. Was der nicht begreift, erregt Furcht. Wer beendet den Tag und lässt die Sonne untergehen? Woher kommen Unwetter, Krankheit, Unfall, Missernte? Der Mensch spürt die Macht der Elemente und starrt ins Dunkel. »Sieht man lange ins Dunkel, so ist immer etwas darin«, notierte der irische Schriftsteller William Butler Yeats. Die Elemente bekommen Namen, Figuren, Gesichter, Eigenschaften. Re heißt der Sonnengott der Ägypter, Thot der Gott des Mondes. Agni ist der Feuergott in den heiligen Schriften der Hindus, Indra der Gott des Regens. So bevölkert die Menschheit Himmel und Erde, Meer und Berge, Wüsten und Wald mit Göttern. Die erklären können, was geschieht, und den angstvollen Verstand besänftigen.

»Und die Erde brüllte auf wie ein Stier. Da sandte Enlil, der Herr der Winde, die Flut, um zu ertränken das Geschrei und den Lärm.« Fast 4000 Jahre alt ist das sumerische Epos von Gilgamesch, frühester Mythos eines grausam verschlingenden Meeres, der in vielen Schilderungen der Sintflut wiederkehrt.

Aber wenn die Eskimos hungern, dann flehen ihre Zauberpriester zur Göttin Arnaquagssaaq, die auf dem Grund des Ozeans in einem weißen Palast wohnt, und bitten sie um Robben und Wale.

Wer über das Leben gebietet, den will man gnädig stimmen. Opfer werden ihm gebracht, Blumen, Früchte, Tiere, manchmal Menschen. Magische Rituale bilden sich. Naturreligionen entstehen.

Glauben als Gegenentwurf zur Angst: Feindselige Gewalten sollen freundlich gestimmt, Dürre in Regen, Krankheit in Gesundheit, Hunger in Jagdglück, Furcht in Zuversicht verwandelt werden. Angst ist die eine Säule der frühen Religionen, Dankbarkeit die andere; Dankbarkeit für Verschonung; Verehrung für die göttliche Gewalt, deren Blitz nicht getötet, deren Flut nicht verschlungen, deren Hagel nicht zerschmettert hat.

Es sei nichts weiter als das Gefühl der Abhängigkeit von einer bedrohlichen Natur, das den Glauben an Götter ursprünglich begründe: Ludwig Feuerbach schrieb das in seinem berühmten, 1846 erschienenen Buch »Das Wesen der Religion«. Seine Erklärung der Religion aus der Furcht werde »vor allem durch die Erfahrung bestätigt, dass fast alle oder doch sehr viele rohe Völker nur oder doch hauptsächlich die furcht- und schreckerregenden Erscheinungen oder Wirkungen der Natur zum Gegenstand der Religion machen«.

Aber warum verschwindet der Glaube nicht einfach, wenn Wissenschaft die Dunkelheit vertreibt und die Welt erklärbar macht? Wenn Blitzschlag, Sturmflut, Hagel, Dürre verstehbar, gar abwendbar werden? Weil das Leiden bleibt und der Tod.

Der Mensch ist das Tier, das weiß, dass es sterben wird. Was kommt danach? Was war davor? Welchen Zweck hatte es? Ohne Antwort auf diese Frage bleibt das Leben sinnlos. Nichts als ein verrückter Witz im unendlichen Raum der Ewigkeit.

»Religion ist Verzweiflung am Weltzweck«, stellte Karl Ferdinand Gutzkow 1835 fest. »Wüsste die Menschheit, wohin ihre Leiden und Freuden tendieren, wüsste sie ein sichtbares Ziel ihrer Anstrengungen, einen Er-

NATURRELIGION AM BEISPIEL DER KUNA

Noch immer gibt es Volksgruppen, die alle Natur als beseelt begreifen. So die Kuna-Indianer in Panama: vertraut mit Telefon und Bootsmotoren — und mit guten und bösen Geistern

Ein rituelles Bad gegen schwere Krankheit
Ein Dreijähriger wird von seiner Mutter und zwei Heilern der Kuna in ein Bad gesetzt. Das Kind leidet an Asthma — ist also von Dämonen besessen. Rauch aus der Glutschale soll diese bannen

Wer zu viel in Mutter Erde herumbuddelt, nimmt ihr alle Festigkeit. Irgendwann stürzt sie zusammen und mit ihr das Universum. Davon ist Domingo überzeugt. So wie er daran glaubt, dass Bäume eine Seele haben und böse Geister sich Kranker bemächtigen. Dann hilft nur ein Gegenzauber mit gerösteten Kakaobohnen und mit »Nuchu«-Figuren aus Balsaholz, die das Geistervolk zum Teufel schicken und die Krankheit auch.

Domingo trägt keinen Lendenschurz und jagt nicht mit Pfeil und Bogen. Der stämmige Fischer in Polohemd und Khakihosen hat in den USA gelebt, besitzt eine E-Mail-Adresse, und seine Heimatinsel Playón Chico ist per Linienflug von Panama City aus in 45 Minuten zu erreichen. Trotzdem lebt er in einer anderen Welt, der Geisterwelt der Kunas.

Die Kunas sind ein Indianerstamm auf den Koralleninseln des San-Blas-Archipels vor Panama. Bis heute haben sie sich gegen alle christliche Bekehrungsversuche resistent gezeigt. Daher hängen sie — trotz Telefon und Solarstrom — weiter ihrem uralten Glauben an, wonach die Welt aus der Vereinigung von Ipelele, der männlichen Sonne, mit der Großen Mutter, der Natur, entsprang. Ein rundum beseelter Kosmos umgibt die Kunas. Sichtbares und Unsichtbares sind untrennbar verknüpft. In den Naturgewalten verstecken sich genauso übernatürliche Kräfte wie in Tieren, Pflanzen oder Dingen. Der Wind etwa vermag Epilepsie aus den Köpfen zu »blasen«. Die skelettierten Schädel der Coatís, kleiner, scharfzahniger Säugetiere, halten böse Geister fern. Ein Trank aus Ameisen überträgt die Emsigkeit der Insekten auf den Menschen.

Doch zum Kampf gegen böse Geister sind die Kräfte der Natur nur bereit, wenn sie respektiert werden. Der »Inatuledi«, der Medizinmann, muss sich beim Baum dafür entschuldigen, dass er ihm Rinde raubt. Die Kunas sorgen sich so sehr um das Wohlergehen der magischen Mangos, dass sie Stücke in einen mit Blättern ausgepolsterten Korb legen — die Medizin soll es bequem haben. Der Inatuledi entfernt stets zwei Blätter, die sich am Baum genau gegenüber befinden. Das Zusammenbringen dieser zwei »Pole« vollzieht die lebensspendende Urhochzeit zwischen Mutter Natur und Vater Sonne nach.

Die »Nuchus«, in unseren Augen geschnitzte Figuren, haben für die Kunas ein übernatürliches Innenleben. Sie kämpfen gegen böse Geister, die als Strafe für eine Sünde die »purba« eines Menschen, die Seele, geraubt und ihn krank gemacht haben. Die Hilfsgötter aktiviert der Duft von Kakaobohnen. Darum fehlt bei keinem Opfer und keiner Krankenbehandlung eine Schale, in der auf glühenden Kohlen Kakaobohnen rösten. Die Inatuledi sind die Praktiker der Kuna-Religion, ihre Fähigkeiten sind erworben. Den direkten Draht zum Unsichtbaren aber haben die Seher, die »Nele«. Zum Nele muss man geboren sein. Auf Ukupseni hält eine 25-Jährige Kontakt zu den Geistern. Eine Pfeife rauchend, schaukelt sie in einer Hängematte, glühende Kakaobohnen und ein Dutzend Nuchus vor sich. Langsam versinkt sie in Trance. Als sie aufwacht, flüstert sie einem jungen Ratsuchenden zu, was ihr die guten Geister enthüllt haben. Dritte dürfen nicht mithören. Das würde die Wirksamkeit der Botschaft von drüben schwächen.

Auf dem Festland hinter der Insel Ukupseni liegt der Friedhof. Die Kunas halten ihre Toten auf Distanz. Sie teilen die Furcht vieler Naturreligionen, dass Verstorbene als lebende Leichen ihr Unwesen treiben können. Daher werden sie mit festgestampfter Erde bedeckt. Bis zu einem Jahr nach dem Tod kommen weibliche Angehörige samt Kindern jeden Tag ans Grab, über das sich ein Dach aus Palmwedel spannt. Hier kochen sie oder dösen in der Hängematte, ganz wie zu Hause. Unterstützt vom Rauch der Kakaobohnen, löst sich die Seele des Toten von der sterblichen Hülle und bevölkert als freundlicher Geist die unsichtbare Welt. »Wer ein anständiges Leben führte, darf in der Geisterwelt seine Frau wiedersehen«, sagt Domingo, »wer böse war, bleibt einsam.«

klärungsgrund für dies wirre Durcheinander der Interessen, sie würde an keinen Gott glauben.«

Gott hilft aus der Verzweiflung. ER wird zum großen Ordnungsprinzip für alle menschliche Wirrnis, zum Erklärungsgrund der Welt, zum Ziel aller Anstrengungen und Sinnstifter des Lebens. ER verhindert, dass wir uns fühlen wie die Feder im Wind. »Wir wollen einen Grund für das, was uns zustößt«, schreibt Bestseller-Autor Stefan Klein in seinem Buch »Alles Zufall«, das nicht göttliche Fügung, sondern den Zufall als wahren Weltenlenker entdeckt. »Wo wir keinen Grund erkennen können, halten sich viele Menschen an den Glauben, die unverständlichen Begebenheiten des Lebens folgten in Wahrheit einem wohlüberlegten Geschick. Die Vorstellung einer Ordnung, einer höheren Absicht, beruhigt, selbst wenn wir ihr ausgeliefert sind. Man kann Religionen als eine Frucht dieser Sehnsucht nach Sinn ansehen.«

Das auf einen Gott ausgerichtete Leben erhält Sinn – durch ihn. Es bekommt Struktur und Bedeutung. Und es hat Bestand über den Tod hinaus. So entwickeln sich himmlische Verheißungen, göttliche Gebote und irdische Lebensregeln allmählich zu einer Glaubenslehre. Die beschreibt und gestaltet die Beziehungen zwischen Gott und den Menschen. Und gleichzeitig erwächst aus ihr ein System von Ethik und Moral, das die Verhältnisse unter den Menschen regelt. Als Moses vom Berg Sinai stieg, brachte er die Zehn Gebote mit, die er nach Gottes Diktat niedergeschrieben hatte, der Überlieferung nach auf zwei Steintafeln. Auf der ersten sollen die Gebote gestanden haben, die sich auf das Verhältnis zu Gott beziehen, auf der zweiten Tafel jene, die den Mitmenschen gelten.

Gott hat viele Gesichter. Für Juden, Muslime und Christen ist er der personale und universelle Schöpfergott, der den Kosmos aus dem Chaos geschaffen hat, mit dem Menschen als Höhepunkt und der Verheißung eines paradiesischen Miteinanders von Mensch und Gott am Ende der Zeit. Für die Religionen Asiens ist er ohne Antlitz, keine Person, eher ein göttliches Prinzip, eine Weltseele, die – allhörend, allsehend, allverstehend – den Kosmos durchwirkt wie Salz das Meer und dem Menschen die Chance bietet, mit ihr eins zu werden, wenn er tugendhaft lebt.

Der Glaube hat viele Kraftzentren. Sie finden sich zunächst in der Natur, in Höhlen, Quellen, Bäumen, Hainen. Die werden zu Heiligtümern, »Nabeln« der Welt, wie der »omphalos«, der Fels in Form eines Bienenkorbs, der im Zentrum des Apollon-Tempels von Delphi stand, überzogen von einem Netz-Relief, das vielleicht seine guten Energien festhalten sollte. Der Glaube wohnt auf Bergen wie dem Kailash im Himalaya, der eigentümlichen Pyramide aus Fels und Eis, die gläubigen Hindus als Achse des Universums und Sitz der Götter gilt. Der Glaube wohnt an den Flüssen Thailands, wenn in der Vollmondnacht des Novembers kleine Boote aus Lotosblüten zum Meer treiben, bestückt mit Kerzen und Weihrauch und der Last des schlechten Karmas, die der Strom fortträgt. Der Glaube wohnt in den lärmenden chinesischen Neujahrsfeiern, die den alten, »verbrauchten« Zeitabschnitt auslöschen, böse Geister verjagen und an diesem Nullpunkt die Wiederholung des Weltanfangs zelebrieren. Der Glaube wohnt in der kleinen Gnadenkapelle von Altötting, die vollgestopft ist mit Dankbildern für geschehene und Bittbildern für erwartete Wunder. Der Glaube ist schrill und still, versunken und lärmend, tief und naiv, er hat vielfältige Gebote, Gebete, Gesichter, Gestalten.

Gott als himmlischer Vater
Auf dem Gemälde von Fra Bartolomeo (ca. 1508) erscheint Gott Maria Magdalena und Katharina von Siena mit den Schrifttafeln Alpha und Omega. Der Gott der Christen zeigt seine Allmacht: »Ich bin der Anfang und das Ende.«

Und viele Gegner. Schon für Feuerbach war »der Glaube des Menschen an sich selbst die wahre Religion«. Der scharfe Kritiker jeden Jenseitsglaubens schrieb: »Gott ist nichts anderes als das in die Unendlichkeit des Himmels projizierte Wesen des Menschen. Die Menschen sollten an sich selbst glauben, statt an ein Spiegelbild ihres eigenen Wesens. Der Zwiespalt zwischen Diesseits und Jenseits muss aufgehoben werden, damit sich die Menschen auf das Jetzt, auf das Leben in der Welt mit allen Sinnen konzentrieren können.« Für Karl Marx war Religion dann nur noch der »Seufzer der bedrängten Kreatur«, das »Opium des Volkes«, eine schädliche Droge, um die Menschen von der Schaffung des Paradieses auf Erden abzuhalten. Und Siegmund Freud, der Vater der Psychoanalyse, sah in Religion lediglich eine psychische Störung, eine Art universelle Zwangsneurose: Gott sei nichts anderes als der in den Himmel »erhöhte« leibliche Vater, von dem man sich nicht lösen könne, der Gläubige ein auf der Infantilitätsstufe der Entwicklung Steckengebliebener. Kein Wunder, wenn solche Menschen dann besonders leicht beeinflussbar sind und sogar dazu gebracht werden können, im Namen Gottes und der Nächstenliebe Kriege zu führen.

Neben die philsosophische, sozialwissenschaftliche und psychologische Kritik am Glauben trat die naturwissenschaftliche. Je mehr die Forschung über die Entwicklung der Erde und die Evolution des Lebens auf ihr herausfand, desto weniger waren die Ergebnisse mit den Schöpfungsmythen der Religionen vereinbar. Auch für die zyklischen Abläufe von Werden und Vergehen, wie sie die asiatischen Glaubensrichtungen annehmen, fanden sich keine Indizien. Stattdessen haben amerikanische Hirnforscher in jüngster Zeit sogar ergründet, wie durch chemische Reaktionen im Kopf des Menschen religiöse Gefühle ausgelöst werden. Sie beanspruchen damit nicht weniger als »den Ursprung der Religion im menschlichen Gehirn lokalisiert« zu haben. Glaube – ein Produkt der Chemie? Und Gott eine Formel?

Selbst wer so weit nicht geht, kann heute mit dem alten Bild des bärtigen Gottvaters, den man um Erfüllung seiner Wünsche und um Erlösung von dem Bösen bittet, meist nichts anfangen. In Deutschland sind es nur noch 17 Prozent der Gläubigen, für die Gott ein persönliches Gegenüber und direkter Ansprechpartner ist. Mit der christlichen Vorstellung der Dreieinigkeit von »Vater, Sohn und Heiligem Geist« können nur noch 12 Prozent etwas anfangen. 57 Prozent begreifen laut Umfrage des *Sonntagsblattes* von 1997 Gott als »göttliche Kraft«. Je höher die Bildung, desto weniger wird das traditionelle Kirchen-Bild von Gott akzeptiert, desto mehr halten ihn für eine nichtpersönliche universelle Kraft. »Ist Gott auf einem unaufhaltsamen Weg direkt in die Abstraktion?«, fragt die *Kirchenzeitung*.

Jede Perle steht für ein Gebet
Ein Buddhist benutzt seine Gebetskette für meditative Versenkung in der Zwiesprache mit dem großen Lehrer

Immer mehr Menschen setzen ihren Glauben heute aus verschiedensten Bestandteilen selbst zusammen. »Die Menschen«, so das *Sonntagsblatt*, »konstruieren, sehr zum Verdruss der Kirchen, ihre eigene Religion. Sie adaptieren, modellieren, verändern Formen und Inhalte. Kirchliche Pauschalangebote, gleichsam religiöse Pakete, sind ziemlich unbeliebt.« Das erstaunliche Ergebnis: 27 Prozent der Protestanten und 18,5 Prozent der Katholiken geben an, sich keiner Religion nahe zu fühlen.

Dabei sind sie in bester Gesellschaft. Albert Einstein, der große Physiker des letzten Jahrhunderts, hielt jenseits allen Kirchenglaubens am Gedanken fest, dass es hinter dem sinnvollen Aufbau unserer Welt eine Art Ordnungsprinzip geben müsse. »Im unbegreiflichen Weltall offenbart sich eine grenzenlos überlegene Vernunft«, schrieb er. »Die gängige Vorstellung, ich sei Atheist, beruht auf einem großen Irrtum. Wer sie aus meinen wissenschaftlichen Theorien herausliest, hat sie kaum begriffen.«

Auch Stephen Hawking, der große Physiker der Gegenwart, hat versucht, eine Brücke zwischen Wissen und Glauben zu schlagen: »Wenn Sie wollen, können Sie sagen, Gott sei die Verkörperung der physikalischen Gesetze.« Ähnlich sieht es – von der anderen Seite kommend – der katholische Denker und Kirchenkritiker Eugen Drewermann: »Wir können vom Geist und von der Materie nicht mehr so sprechen, wie wir es im christlichen Abendland gewohnt waren. Wir erkennen, dass Geist eine Struktureigenschaft aller komplexen Systeme ist. Sinn stellt sich auf dem Weg der Evolution selber her. Gott ist in diesem Sinne etwas, das sich in der Welt und mit der Welt selber entfaltet.«

Das größte Fest der Menschheit
Alle zwölf Jahre pilgern Hindus an den Ganges, um im heiligen Fluss ein Bad zu nehmen. 2001 waren es 30 Millionen

Zu einer solchen Vorstellung von Gott passt kein Alleinvertretungsanspruch irgendeiner Religion. Die Gläubigen sind da oft weiter als die Kirchen. »Die konfessionellen Milieus alter Prägung sind in Auflösung begriffen«, stellte die Umfrage des *Sonntagsblattes* fest. 62 Prozent der Befragten können mit der Spaltung der christlichen Kirche in katholisch und evangelisch nichts mehr anfangen, viele jüngere Christen fühlen sich auch vom Buddhismus stark angezogen. »In Zukunft wird nur noch eine Religion glaubwürdig sein«, sagt Eugen Drewermann, »die sich nach außen nicht gewalttätig und exklusiv darstellt, sondern integrierend und dialogisch.«

Vielleicht bietet gerade die Entkirchlichung und Befreiung aus engen Konfessionsschranken dem Glauben eine neue Zukunft. »Die Religion wird heftig aufleben«, prophezeit der Berliner Religionswissenschaftler Hartmut Zinser. Wohl auch deswegen, weil immer mehr Menschen den einen Glauben hinter allen Glaubensformen suchen; die eine Wahrheit, der alle Religionen nahe zu kommen versuchen. In ihrem Kern nämlich gleichen sie sich. »In allen«, schreibt der Religionswissenschaftler Gerhard Staguhn, »geht es um den einen unfassbaren Gott oder die eine unfassbare kosmische Kraft. Namen wie Brahma, Tao, Jahwe, Gott oder Allah sind sprachliche Fassungen für das Unfassbare. Jede Feindschaft zwischen den Religionen ist von daher vollkommen unsinnig.« Oder, mit den Worten des indischen Gurus Ramakrishna: »Es ist nicht gut, zu meinen, dass nur die eigene Religion wahr ist und alle anderen falsch.

Es ist damit wie mit dem Wasser im Teich. Manche trinken es an einer Stelle und nennen es Jal, andere an einer anderen Stelle und nennen es Pani, noch andere an einer dritten Stelle und nennen es Wasser. Die Hindus sagen Jal, die Christen Wasser und die Muslime Pani, aber es ist ein und dasselbe.«

Das Bunkerdenken religiöser Fundamentalisten – egal, ob in islamischer Selbstmord-Version oder in der Gestalt »bibeltreuer« US-Christen, die Darwins Evolutionslehre aus dem Schulunterricht verbannen – ist nichts anderes als Rückkehr zum Ursprung: ein Angst-Reflex auf die Erschütterung, Veränderung und Unverständlichkeit der Welt.

Das alte Denken der verschiedenen Kirchen und Konfessionen ist wie das der alten Physik: Wo ein Objekt ist, kann kein anderes sein – wo ein Glaube herrscht, ist für einen anderen kein Platz; wenn einer wächst, muss ein anderer weichen. Moderne Systemtheorie sieht das anders. Es

geht immer um ein Ganzes, dessen Teile voneinander abhängen. Wer andere verdrängt, beschädigt das Ganze und damit sich selbst; wer wächst, bereichert auch alle anderen. Keiner besitzt die volle Wahrheit, jeder nur Elemente von ihr. Austausch und gegenseitige Ergänzung führen deshalb zur Bereicherung aller. Religionen bilden ein Netzwerk. Glaube ist ein Prozess.

Ein Prozess, dessen Ursprung die Angst ist und dessen Ausblick eine Vision. Die Sehnsucht, so sagte es der Philosoph und Soziologe Max Horkheimer, »dass es bei dem Unrecht, durch das die Welt gekennzeichnet ist, nicht bleiben soll, dass das Unrecht nicht das letzte Wort sein möge. Diese Sehnsucht gehört zum wirklich denkenden Menschen«. Drastischer formulierte es Drewermann: »Menschsein besteht darin, Träume zu haben, die wirklicher sind als die gottverdammte Wirklichkeit. Religiöse Visionen widerlegen das, was wir wirklich nennen. Nur deshalb ist Religion ein Ort von Hoffnung.«

Es ist letztlich keine andere Hoffnung als die auf Neuschaffung der Welt. Auf Erneuerung des Menschen. Wer glaubt, erlebt sie schon.

Darum glauben wir.

BUDDHISMUS

Religion ohne Gott

Buddha am Tigerhöhlentempel Wat Tham Suea in Südthailand. Der Kreis aus Daumen und Zeigefinger symbolisiert das Rad der Lehre

Ein Fürstensohn schuf vor 2500 Jahren in Nordostindien die Glaubensschule des Buddhismus. Die Religion kennt keinen allmächtigen Schöpfer, keinen Anfang und kein Ende der Welt — lehrt aber höchsten Respekt vor jedem Lebewesen. Philosophische Kraft und Friedfertigkeit machen den Buddhismus auch für Menschen in westlichen Ländern zunehmend attraktiv

Ein goldener Schrein für acht Haare Buddhas
SHWEDAGON PAGODE IN YANGON, BURMA

Auf einer Plattform aus weißem und schwarzem Marmor treffen sich allabendlich Gläubige aus Burmas Hauptstadt, meditieren, beten und umrunden das Heiligtum. Darin werden acht Haare Buddhas verwahrt, über denen sich der Stupa erhebt, ein spitz zulaufender Turm, belegt mit 60 Tonnen Gold, gekrönt von einem 76-karätigen Edelstein

> »Seid ohne Unterlass wachsam, geht in Tugend den rechten Pfad. Wohlgesammelt, entschlusskräftig behütet, Jünger, euren Geist«
>
> **AUS DEN LEHRREDEN DES BUDDHA**

»Wer immer sein eigener Herr ist, hell, klar und wahrhaft, er darf wirklich die Robe tragen«

AUS DEN LEHRREDEN DES BUDDHA

Armut ist der Reichtum der Mönche

TEMPEL HO PHRA KEO, LAOS

Mönche und Novizen schreiten durch den Garten eines alten Tempels in der laotischen Stadt Luang Prabang. Sie tragen das traditionelle buddhistische Mönchsgewand aus einfachem Stoff, gefärbt mit der billigsten Farbe, Rot oder Gelb. Sie dürfen kaum etwas besitzen, ernähren sich von Almosen

»*Der Wind kann keinen Berg umwerfen.*
Versuchung kann einen Mann nicht rühren,
der wach, stark und bescheiden ist«

AUS DEN LEHRREDEN DES BUDDHA

Ewiges Gebet vor grandioser Kulisse
WANDERWEG IM HIMALAYA, NEPAL

Sonnenstrahlen lassen den Gipfel des Mount Everest erglühen. Ein Wanderer hält an Leinen mit Gebetsfahnen inne. Nach buddhistischem Glauben senden die bedruckten Stoffwimpel mit jedem Flattern im Wind Gebete aus; sie sollen den Wunsch nach Glück für alle Lebewesen in alle Richtungen tragen

»Wer weise ist, der soll schrittweise, jeden Augenblick, wie der Schmied das Silber läutert, sein Ich reinigen von jedem Fleck«

AUS DEN LEHRREDEN DES BUDDHA

Prachtvolle Gebäude hüten eine winzige Skulptur

WAT PHRA KEO, BANGKOK, THAILAND

Dächer und Türme in Thailands bedeutendster Tempelanlage glänzen im Scheinwerferlicht. Kraftzentrum des Nationalheiligtums ist der »Smaragdbuddha«, eine nur 66 Zentimeter große Statuette aus grüner Jade. Die Könige suchten die Nähe zu dem spirituellen Kleinod, neben dem Tempel ließen sie den alten Palast errichten

»Wir leben immerdar fröhlich, befreit von Habe und Besitz. Gleich den Göttern der Licht-Reiche von Freudenspeise leben wir«

AUS DEN LEHRREDEN DES BUDDHA

Ein Ort der Stille und der Andacht

DREPUNG-KLOSTER BEI LHASA, TIBET

Hingekauert auf ihre Schlafmatten, nehmen Mönche aus ihren Almosenschalen eine Mahlzeit ein. Nach 12 Uhr mittags dürfen sie nichts mehr essen. Sonnenstrahlen durchschneiden das Halbdunkel, Kerzen spenden zusätzliches Licht. Viele Klöster stehen auch Laien offen, die hier oft für Wochen oder Monate Einkehr suchen

Ein Himmel voller Buddhas

INDISCHER WANDTEPPICH

»Buddhistisches Paradies« ist das gestickte Gemälde aus dem 18. Jahrhundert betitelt. Doch der buddhistischen Lehre zufolge entzieht sich das Nirvana jeder bildhaften Darstellung. Auch in Worten ist das »endgültige Verlöschen«, der Stillstand des Rads der Wiedergeburt, nicht zu beschreiben

Der kleine Mann aus Nordindien ist seit Jahrhunderten ein Star. Gäbe es für ihn ein Urherberrecht, wären seine Erben Multimillionäre. Der Siegeszug führte ihn quer durch die Länder Ostasiens und in jüngster Zeit auch nach Amerika und Europa. Längst ist sein Abbild allgegenwärtig. In Tibetanischen Klöstern, Pariser Modegeschäften, Römischen Wohnzimmern, Berliner Büros, Hamburger Edel-Restaurants: ein sitzender Mann in einfachem Mönchsgewand, mit untergeschlagenen Beinen, langen schlanken Fingern und einer Handhaltung, die Meditation ausdrückt; oft auch nur sein Kopf, mit knotenartigen Erhöhungen über dem Scheitel als Symbol der geistigen Potenz, langgezogenen Ohrläppchen als Zeichen der fürstlichen Herkunft, einer Locke zwischen den Augenbrauen als Andeutung des mystischen Weisheitsauges und dieser unergründlichen Heiterkeit des Mundes – dem Lächeln Buddhas.

Wer war dieser Buddha? Ein Mensch? Ein Prophet? Ein Gott?

U Tun Kyi hört die Frage und lächelt das Lächeln Buddhas. Wir sitzen in seinem Haus in einem Vorstadtviertel von Burmas Hauptstadt Yangon. Drei Räume hat es, 17 Menschen leben darin. U Tun ist 65, der älteste. Der Raum, in dem er uns empfängt, ist sein Arbeitszimmer, aber auch das Esszimmer der Familie, Spielzimmer der Enkel, Gebetsraum. Gedämpft dringen das Licht durch die offene Tür und der gleichförmige Lärm der Gasse. Rufe von Verkäufern, das Klingeln von Fahrrädern, das Rauschen von Wasser auf Blätter und Blechdächer. Es ist Regenzeit. Eine der Töchter arbeitet still am Kleid für eine Marionette, ein Enkel hockt daneben und schaut ihr zu. Auf einem Bord an der Wand stehen neben Glückbringern und Götterstatuen kleine Buddha-Figuren.

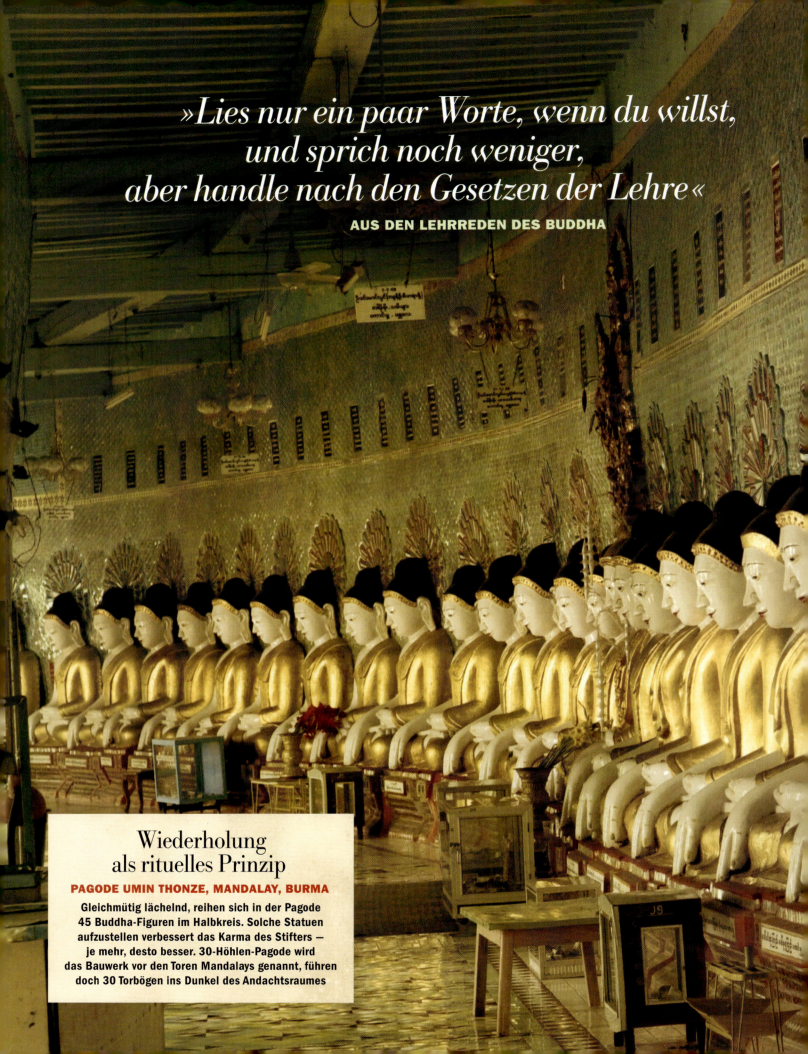

»Lies nur ein paar Worte, wenn du willst, und sprich noch weniger, aber handle nach den Gesetzen der Lehre«

AUS DEN LEHRREDEN DES BUDDHA

Wiederholung als rituelles Prinzip
PAGODE UMIN THONZE, MANDALAY, BURMA

Gleichmütig lächelnd, reihen sich in der Pagode 45 Buddha-Figuren im Halbkreis. Solche Statuen aufzustellen verbessert das Karma des Stifters — je mehr, desto besser. 30-Höhlen-Pagode wird das Bauwerk vor den Toren Mandalays genannt, führen doch 30 Torbögen ins Dunkel des Andachtsraumes

»Buddha war ein Lehrer«, sagt U Tun Kyi.

Er ist ein kleiner knochiger Mann mit kurz geschorenem Haar und extremer Beweglichkeit. Stundenlang kann er auf einem Hocker stehen, springen, tanzen und dabei wirbelnde Bewegungen mit seinen Armen vollführen. U Tun Kyi ist Marionettenspieler; ein Profi, einer der besten des Landes. »Buddha lehrt das richtige Leben zu führen«, sagt U Tun Kyi.

Sein Tag beginnt am Morgen um 5 Uhr 30. Er steht auf, wäscht sich das Gesicht und hält Andacht. Anderthalb Stunden sitzt er im Schneidersitz vor den Buddha-Figuren, spricht mit dem großen Lehrer und meditiert. Er verspricht, die fünf grundlegenden sittlichen Gebote des großen Lehrers einzuhalten: das Leben zu achten und nicht zu töten; nicht zu stehlen; nicht zu lügen, auch dann nicht, wenn es ihm Vorteile bringt; seine Frau zu respektieren und keinen Ehebruch zu begehen; sowie keine Drogen und keinen Alkohol zu sich zu nehmen. Dafür bittet er um Glück für seine Familie, sein Unternehmen und sich selbst. Dann verharrt er in tiefer Versunkenheit und versucht Botschaften zu empfangen. Botschaften von Buddha. Einmal sah er ihn, abgemagert zum Gerippe, und verstand es als Aufforderung, ein asketisches Leben zu führen. Einmal sah er ihn durch die Luft fliegen und konnte sich keinen Reim darauf machen; bis ein paar Tage später die Einladung zu einem Puppentheater-Festival kam, zu dem er mit einem Flugzeug reisen musste.

Buddha ist für ihn Lehrer und Lotse. Er hilft, die Zeichen der Zeit und der Ewigkeit zu deuten, den richtigen Kurs im Leben zu finden und das richtige Verhältnis zu ihm zu entwickeln.

Was ist dieses Leben – Lust, Freude, Genuss? U Tun wiederholt die Frage nachdenklich und scheint ihr nachzuschmecken. Dann schüttelt er den Kopf. »Eine Pflicht!« Etwas, was man hinzunehmen hat und ertragen muss. Genießen könne man das Leben nicht, sagt er – und sagt es mit einer Miene heiterer Gelassenheit.

Der alte Puppenspieler ist Experte für das Leben und die bunten Legenden des Buddha. Sie sind der Stoff seines Theaters. Eines seiner Lieb-

Klöster sind die spirituellen Zentren des Buddhismus
MINIATUR AUS BURMA, 19. JAHRHUNDERT
Das Tor in der Klostermauer links oben steht offen, transparente Architektur gestattet den Einblick in die Gebäude. Das Kloster ist ein Ort des geistigen Austauschs. Mönche in gelben Gewändern meditieren. Einer begießt einen Mann im Lotussitz mit Wasser

lingsstücke ist die Geschichte von Empfängnis und Geburt des Erleuchteten – wie bei Jesus eine Legende von unbefleckter Empfängnis. Der »Herr der drei Welten«, so heißt es, ließ sich vom Himmel herab und ging als ein junger weißer Elefant mit sechs Stoßzähnen zur rechten Seite in den Leib seiner Mutter ein. »Nie vorher hatte die etwas so Schönes gesehen und gehört, nie ähnliche Wonne empfunden.«

Eine andere Aufführung des Puppenspielers schildert Buddhas verwöhnte Jugend in den Palästen seines Vaters – »einem für den Winter, ei-

GLAUBEN IM HIMALAYA

In Tibet, dem Dach der Welt, verschmolz der Buddhismus mit einer Naturreligion und schuf einen isolierten Klosterstaat

Der Potala in Lhasa: mehr als 300 Jahre lang Sitz des Dalai Lama

Die Religion der Tibeter verbindet Elemente der vorbuddhistischen Bon-Religion, einer Naturreligion, die im Himalaya zu Hause war, mit einer Glaubensrichtung des Buddhismus. Ritual und Symbole spielen eine große Rolle: Mudras (heilige Gesten), Mantras (heilige Verse) und Mandalas (heilige Schaubilder) sind wichtige spirituelle Hilfsmittel. Die Wiederholung der heiligen Verse (»Om Mani Padme Hum«) oder die Versenkung in ornamentale Meditations-»Landkarten« sollen dem Meditierenden helfen, seine irdischen Sorgen und Gedanken hinter sich zu lassen und hinter allen Lebensmustern ein einheitliches Seins-Prinzip zu erkennen.

Nach Tibet ist der Buddhismus in zwei Wellen gelangt. Die erste begann im 7. Jahrhundert unserer Zeit und endete in einer Zeit der Verfolgung Mitte des 9. Jahrhunderts. Ende des 10. Jahrhunderts breitete sich der Buddhismus erneut aus. Dabei entwickelte sich der Lamaismus, die Führung des Landes durch eine Priesterhierarchie, an deren Spitze als unumschränkter weltlicher und religiöser Herrscher der Dalai Lama steht. Jeder Dalai Lama gilt als Wiedergeburt von Chenresi, dem »Buddha der Barmherzigkeit«, der zu den »Bodhisattvas« gehört: Wesen, die den Zustand der vollkommenen Erleuchtung erreicht haben, aber auf die eigene Erlösung aus Mitleid mit der Welt verzichten, um für deren Erlösung tätig sein zu können. Als der 13. Dalai Lama 1933 starb, begannen hohe Würdenträger in ganz Tibet anhand von Prophezeiungen nach der Wiedergeburt von Cherensi zu suchen. In einem Dorf im Osten des Landes fanden sie 1938 den zweieinhalb Jahre alten Sohn einer Bauernfamilie, der nach einer Reihe von Prüfungen als die gesuchte Reinkarnation erkannt und für die Nachfolge auf dem Löwenthron in Lhasa erzogen wurde. Dieser 14. Dalai Lama wurde 1959 als 23-Jähriger nach der chinesischen Invasion Tibets und dem Volksaufstand gegen die Besetzer ins Exil gezwungen. Er lebt heute in Dharamsala (Indien), ist das geistliche Oberhaupt der Tibeter und setzt sich als Kopf der tibetischen Exilregierung für die Unabhängigkeit seines Landes mit gewaltlosen Mitteln ein. 1989 erhielt er den Friedensnobelpreis.

Herrscher ohne Reich
Der Dalai Lama, religiöses und weltliches Oberhaupt der Tibeter, musste 1959 nach Indien fliehen

nem für den Sommer und einem für die Regenzeit« – , bis es schließlich zu den berühmten »vier Ausfahrten« kommt, auf denen der Fürstensohn einem Kranken, einem Greis, einem Toten und einem Asketen begegnet. Dabei erkennt der junge Mann die Vergänglichkeit und das Leid alles Lebens und wird sich der einzigen Art bewusst, ihnen zu begegnen: dem Verzicht, der Überwindung. Das war der Anstoß zu radikaler Veränderung seines Lebens: Er schneidet das lange Haar ab, legt die schweren goldenen Ohrringe und prächtigen Kleider ab und geht »aus dem Haus in die Hauslosigkeit«, um wie ein einfacher Mönch zu leben.

Historiker erzählen diese Geschichte nüchterner, ohne Legendenschmuck, aber im Kern gleich. Der spätere Buddha wurde im Grenzbereich zwischen Indien und dem heutigen Nepal geboren und von seinen fürstlichen Eltern Siddharta genannt – »derjenige, der sein Ziel erreicht hat«. Man streitet über den Zeitpunkt, aber die Mehrheit neigt zu einem Geburtsdatum im 5. Jahrhundert vor unserer Zeitrechnung. Diese Epoche war eine Zeit gesellschaftlicher Umbrüche. Austausch und Handel entwickelten sich, Städte wuchsen, neue Königtümer verdrängten die alte Fürstenherrschaft. Menschen suchten neue Orientierung. Das religiöse Leben in Indien aber, geprägt vom Hindu-Glauben, war verkrustet und erstarrt. Eifersüchtig wachte die Priesterkaste der Brahmanen über jede Auslegung der Heiligen Schriften und das Privileg der immer komplizierteren Opferrituale für die zahllosen Götter des Hindu-Himmels. Besonders in der Kriegerkaste, zu der die Familie Siddhartas gehörte, regte sich Opposition gegen die dogmatische Macht der Brahmanen. Die Zeit schrie nach Reformen.

Als der Fürstensohn mit 29 den elterlichen Palast verlassen hatte, schloss er sich einer Gruppe von Bettelasketen an, die ihren Weg zum Seelenheil mit Hilfe von Kasteiung suchten. Aber wie 2000 Jahre später ein anderer Reformer, Martin Luther, machte Siddharta die Erfahrung, dass »selbsteigene Pein« nicht zur Seligkeit, sondern in die Sackgasse führt. Nur ein geistiger Weg konnte in die richtige Richtung leiten. Siddharta ging den der Meditation, die in der indischen Religion eine ural-

Die drei großen Weisen
Der japanische Meister Kano Masanobu versammelt sie auf seiner Zeichnung aus dem 15. Jahrhundert: die Religionsstifter Buddha, Konfuzius und Laotse, den Vater des Taoismus. Ihre Lehren prägen Ostasien

te Tradition hat. Sechs Jahre dauerte es, dann erlangte er unter einem Pappelfeigenbaum in tiefer Versenkung die Erkenntnis über das Wesen der Welt. 49 Tage verbrachte er unter dem Baum, und wie Jesus in der Wüste wurde er unter diesem »Bodhi«-Baum von Mara, einem Dämon, versucht, der ihm Erlösung von allen Leiden durch den Tod anbot. Doch er widerstand und wurde Buddha, der »Erleuchtete«. In seiner ersten Predigt verkündete er dann die »Vier edlen Wahrheiten« und setzte das »Rad der Lehre« in Gang.

Die erste Wahrheit: Alles Leben ist Leid. »Geburt ist Leiden, Alter ist Leiden, Krankheit ist Leiden, Tod ist Leiden, mit Unliebem vereint sein ist Leiden, von Lieben getrennt sein ist Leiden, nicht erlangen, was man begehrt, ist Leiden.« Zweite Wahrheit: Ursache des Leidens ist die Gier oder der Lebensdurst nach Lust, nach Macht, nach Reichtum, nach Erfolg. Dieser Durst wird nie gestillt, die Enttäuschung ist stets größer als die Befriedigung, das Glück vergänglich, das Leid anhaltend. Dritte Wahrheit: Die Aufhebung des Durstes bewirkt die Aufhebung des Leids – »durch restlose Vernichtung des Begehrens«. Vierte Wahrheit: Der Weg zur Aufhebung des Leids ist der edle Pfad der Selbstzucht, der aus acht Verhaltensweisen besteht – vollkommene Erkenntnis, vollkommener Entschluss, vollkommene Rede, vollkommenes Handeln, vollkommener Lebenserwerb, vollkommene Anstrengung, vollkommene Achtsamkeit, vollkommene Sammlung. »Wie der große Ozean nur einen einzigen Geschmack hat, den des Salzes, so haben meine Lehren und Regeln nur eine einzige Eigentümlichkeit: Erlösung.« Erlösung vom Leid der Welt.

Das war die Lehre eines Fürstensohnes und geistigen Aristokraten

»Es gibt keine Meditation ohne Weisheit, es gibt keine Weisheit ohne Meditation«
AUS DEN LEHRREDEN DES BUDDHA

Kniefall vor dem großen Lehrer
PUPPENSPIELER U TUN KYI, YANGON, BURMA
Um 5 Uhr 30 früh kniet Marionetten-Meister U Tun Kyi im Hauptraum seines Hauses. Im Angesicht einer Buddha-Statue meditiert der 65-Jährige und hält Zwiesprache mit dem Erleuchteten. Für dieses Ritual nimmt er sich jeden Morgen anderthalb Stunden Zeit. Dann erst widmet er sich seinen kostbar gewandeten Puppen

für eine Elite. Und es waren junge Adlige, hauptsächlich Angehörige der Kriegerkaste, die ihr als Erste anhingen. Einer Lehre, die keine Götter kennt, keinen Weltenlenker, keine ewige Ursubstanz, keine unsterbliche Seele. Die Welt hat keinen Anfang und kein Ende, es gibt keinen Schöpfer und keine Schöpfung. Alles ist vergänglich, alles in ständigem Wandel begriffen. Nur wer das durchschaut und nichts festhalten will, geht den Weg zur Erlösung im »Nirwana«, der seligen »Leere«, die jenseits alles Vorstellbaren und Benennbaren liegt. Buddhas Lehre ist ein Konzept der Selbsterlösung.

Und deswegen ist es ein revolutionäres Rezept: Kasten haben in ihm keine Bedeutung mehr, der Vorherrschaft der Brahmanen fehlt die Berechtigung – jeder Mensch geht seinen eigenen Weg, ohne Priester, ohne Opfer, ohne Ritus, ohne Gott. Buddha wendet sich ausschließlich an den einzelnen Menschen und lenkt dessen Blick nach innen, auf sich selbst. Dort soll er das richtige Verhältnis zu sich finden, zu seinen Mitmenschen, zur Welt; dort und nicht im Angesicht irgendeines Gottes.

Buddha war kein Eiferer. Vieles an seiner Lehre war nur Umakzentuierung von Vorhandenem. Er selbst hat sie mit der Wiederentdeckung eines überwucherten Weges zu einer vergessenen Stadt verglichen. Dogmatismus und Bekehrungsfanatismus waren ihm fremd. »Jeden auf seiner Stufe gelten lassen«, lautet eine buddhistische Devise. Deswegen hat der Buddhismus die hinduistischen Götter nie zum Tempel hinaus gejagt, sondern ihnen den vertrauten Platz im Leben der Gläubigen gelassen, ihnen aber eine völlig neue Bedeutung zugemessen. Die Götter sind nicht mehr allmächtig oder ewig, auch sie sind Untertanen des großen Gesetzes vom Werden und Vergehen. Die ursprüngliche, reine Lehre Buddhas ist eigentlich ein Paradox: eine gottlose Religion, eine Anweisung zur Lebensführung ohne den Glauben an einen höheren Geist oder ein göttliches Gebot. Mehr Philosophie als Religion. Und das Letzte, woran der Begründer dieser Weltsicht gedacht haben dürfte, ist die Vorstellung, selbst auf dem Altar zu landen. Aber so kam es.

Morgentoilette für einen goldenen Dickkopf
In der Mahamuni-Pagode von Mandalay wäscht ein Mönch täglich das Gesicht Buddhas und putzt ihm die Zähne

Siddharta, der historische Buddha, hat keine einzige Zeile hinterlassen. Wie das Evangelium des Jesus von Nazareth wurde seine Lehre von Jüngern weitergetragen und verbreitet. Aufgeschrieben wurde sie erst Jahrhunderte nach seinem Tod. Da hatte längst die Legendenbildung eingesetzt, die ihn zu einem Gottähnlichen verklärte und letztlich zu einer Gottheit machte. Die Buddha-Legenden, die U Tun Kyi mit seinen Marionetten erzählt, sind wie die Geschichten von den Heiligen der Katholischen Kirche religiöse Fabeln mit sittlicher Nutzanwendung. Über Jahrhunderte haben sie geholfen, die fünf grundlegenden Gebote des

Erleuchteten zum menschlichen Umgang miteinander tief in der Bevölkerung zu verankern – und zugleich den Gegenstand dieser Legenden aus der Vergangenheit in die Gegenwart zu befördern. Für U Tun Kyi wie für die meisten Burmesen ist Buddha nicht erloschene Geschichte sondern unsichtbare Gegenwart. Anders gesagt: eine Gottheit.

Diese Gottheit hat aber nie Glaubensregeln aufgestellt oder eine Organisation geschaffen, die ihre Lehre verwaltet. Letztlich ist jedem Buddhisten selbst überlassen, was er glaubt und was nicht. Kein Priester, kein Bischof, kein Papst wacht darüber. Auch die Mönche – die keine priesterlichen Aufgaben haben – müssen nur wenige Regeln für das mönchische Leben befolgen: unter anderem Verzicht auf Eigentum, die Verpflichtung, keinem Lebewesen Leid zuzufügen, Keuschheit. Sie haben keine Dogmen oder Ordensregeln zu befolgen und können das Kloster jederzeit wieder verlassen. Viele Burmesen verbringen ihr Leben lang immer wieder Tage, Wochen oder Monate in klösterlicher Zurückgezogenheit, um sich körperlich und seelisch zu entschlacken, zu beten, zu singen, zu meditieren,

Konfirmation nach buddhistischen Regeln
Im Alter zwischen zehn und 14 Jahren lassen sich viele Jungen den Kopf scheren und gehen für einige Zeit ins Kloster

die Balance zwischen der profanen und der spirituellen Seite ihres Lebens wiederzufinden. Gelebter Buddhismus ist tiefe Frömmigkeit auf der Basis hoher Philosophie – die aber für die meisten der Frommen viel zu anspruchsvoll ist.

Das gilt besonders für ein Detail der Lehre, das nur wenige begreifen. Wie in den traditionellen Glaubensvorstellungen Indiens gibt es in der Gedankenwelt Buddhas zunächst den Kreislauf der Wiedergeburt, die vom Karma bestimmt ist, dem Gesetz der moralischen Vergeltung: Wiedergeburt ist eine Folge der letzten Existenz; schlechte Taten führen zu einer schlechten Wiedergeburt, gute Taten zu einer guten, oder sogar, so lehrte Buddha, zum direkte Eingehen in das erlösende Verlöschen im Nirvana.

Hinduisten verbinden mit Karma die Vorstellung einer Seele, die im Gegensatz zum sterblichen Körper unsterblich und ursprünglich ganz hell ist, die durch schlechte Taten aber verdunkelt und dazu verurteilt wird, in einer schlechteren Existenz wiedergeboren zu werden – einer niedrigeren

Kaste, in Armut, Krankheit oder sogar als Tier. Die körperlichen Hüllen wechseln, die Seele bleibt dieselbe.

Da für Buddha aber nichts existiert, was nicht vergänglich und ständigem Wandel unterworfen ist, kann es auch keine unsterbliche Seele geben. Immer wieder sind Buddhisten in Indien »Nihilisten« genannt worden, weil ihr Erleuchteter die Existenz einer Seele nicht anerkennen wollte. Und auch viele Buddhisten haben mit diesem Gedanken Schwierigkeiten. Denn was wird wiedergeboren, wenn nicht die Seele?

Ashin Kelasa kennt die Frage. Auch er lächelt, als er sie hört, das unergründliche Lächeln Buddhas. Er ist 38, trägt eine große Brille und das rostrote Gewand der buddhistischen Mönche – der einfachste Stoff, die billigste Farbe, so wollte es der große Lehrer. Der Mönch wohnt in einer kleinen, grün gestrichenen Zelle des großen Mahagandayon-Klosters von Mandalay. Hier leben bis zu tausend Mönche ohne Besitz und Geld, die meditieren, studieren und mittags um 12 Uhr die letzte Mahlzeit des Tages einnehmen. Im Kloster, einem der großen geistigen Zentren Burmas, werden Leben und Lehre Buddhas erforscht und Antworten auf die Fragen von Gläubigen in aller Welt gesucht.

Mönch
Ashin Kelasa
in Burma

Ashin Kelasa hat einmal Mathematik studiert, spricht fehlerfreies Englisch und könnte auch in Harvard als Dozent arbeiten. Stattdessen meditiert er. Das tut er, seitdem er auf besonders schmerzliche Weise erfahren musste, dass das Schöne im Leben vergänglich ist. Keinen Menschen hat er so geliebt wie seine Mutter, mit kindlicher Inbrunst hat er an ihr gehangen, aber sie starb, als er neun war, und hinterließ ein furchtbares Loch in seinem Leben. »Ich wurde den Verlust nicht mehr los. Er war immer in meinem Kopf.« Bis Ashin Kelasa zu meditieren begann. Meditation wirke ähnlich wie ein Mikroskop, sagt er. Betrachte man etwas Ekliges wie eine Kakerlake durch ein Mikroskop, verändere sie sich vollständig und löse sich auf in lauter Details, die man faszinierend finden und in vollkommener Ruhe betrachten könne. Der Ekel verschwinde. So verschwand sein Schmerz über den Tod der Mutter, als er das Leben und den Tod in der Meditation betrachtete. Aus einem verzweifelten Menschen wurde ein versöhnter.

»So verstehe ich auch Reinkarnation«, sagt er. »Wiedergeburt findet jeden Augenblick statt. Wenn jemand wütend wird, stirbt der Mensch,

ZEN-BUDDHISMUS IN JAPAN

Meditation und rituelle Tätigkeiten sollen den Gläubigen helfen, eingefahrene Denkbahnen zu verlassen und das Wesen der Welt zu ergründen

Die Harmonie der Steine
Japans Zen-Gärten sind Orte der Kontemplation

Unter den buddhistischen Schulen Japans ist der Zen-Buddhismus die bekannteste. Als Begründer der wichtigsten Zen-Lehren gelten die Mönche Eisai und Dogen, die an der Wende vom 12. zum 13. Jahrhundert lebten. Zen bedeutet Meditation und meint eine Religionspraxis, in der intellektuelles Lernen keine Bedeutung hat und das Gehirn durch besondere Meditations-Erfahrungen aus seinen eingefahrenen Denkbahnen gerissen werden soll. Diese Erlebnisse sollen dann Einsicht in das Wesen der Welt vermitteln. Neben der klassischen Meditation im Lotussitz gehören zu den Meditationsübungen auch die Ausübung bestimmter kontemplativer Kunstformen wie Malen und Kalligraphie, Bogenschießen und Fechten sowie mit größter Sorgfalt ausgeführte Alltagsrituale wie die Teezeremonie, das Blumenstecken (Ikebana) oder die Pflege der Zen-Gärten, die oft nur aus Felsen und penibel geharktem Sand bestehen.
Konventionelles Denken sollen die Schüler auch dadurch überwinden, dass sie sich Fragen stellen, auf die es keine Antwort gibt: »Welche Hand verursacht beim Klatschen das Geräusch?« oder »Welchen Gesichtsausdruck hattest du vor deiner Geburt?« Solche Fragen, die vom Intellekt nicht erschlossen werden können, gelten als guter Einstieg in die Selbstversenkung. Antworten gibt es nicht, der Weg ist das Ziel. Der Weg einer Reifung, die zur Erleuchtung werden soll. Viele Kampfsportarten und die New-Age-Bewegung sind vom Zen-Buddhismus inspiriert worden.

der er vorher war, und er ist ein wütender Mensch. Wenn er wieder friedlich wird, stirbt der wütende Mensch. Wir werden ständig neu geboren, weil es uns als feste Wesen gar nicht gibt, sondern nur als fließende, veränderliche Zusammenballung von Geist und Materie.« Was nach dem Tod geschehe? Keiner wisse es. Was vom Menschen überlebe und wiedergeboren werde? Keiner wisse es. Wenn das Feuer erlischt, wohin geht es?

Und die Seele? Das Ich? Das Karma?

Wieder das Lächeln Buddhas. Dann benutzt der Mönch das Bild der Billardkugeln: Wenn die eine die andere anstößt, in Bewegung versetzt und selbst liegen bleibt, wird die Energie von der einen auf die andere Kugel übertragen. So habe man sich auch die Seele als ein komplexes Bündel von Daseinsfaktoren und geistiger Energie vorzustellen, die in einem Prozess stetiger Veränderung von einer Existenz auf die andere übergehen.

Klosterschule mit Internat für die Dorfjugend
In der Schule Naga Hlaing Gu in Yangon, Burma, werden schon die Kleinsten zur Selbstzucht durch Meditation angeleitet

Der alte Hindu-Glauben ist auf geradezu mechanische Weise simpel. Jedes Leben ist von Vergeltungs-Kausalität bestimmt, jede Existenz nichts anderes als die Quittung der vorausgegangenen. Wenn der Mensch gutherzig und selbstlos lebt, schraubt er sich von Wiedergeburt zu Wiedergeburt langsam nach oben, bis ihm als Brahmane schließlich der Ausstieg aus dem Kreislauf der Reinkarnationen möglich wird. Bei Buddha wird dieses Denken von einer Vorstellung ersetzt, in der nicht nur Taten, sondern auch Denken und Absicht zum Karma beitragen und es keine vorgeschriebenen Etappen zum Nirwana gibt. Jeder Mensch kann auf jeder Existenzstufe die Welt des Leids verlassen, wenn er das Verlangen ausreichend überwunden hat und zur Weisheit genügend weit vorgedrungen ist.

Auf verblüffende Weise ähneln solche Gedanken des alten indischen Philosophen dem Denken moderner Naturwissenschaft. Auch sie betrachtet die Welt als ein Gewebe von Zusammenhängen: Mensch, Erde und Kosmos sind prozesshafte Phänomene, die ein vielfältig verbundenes Ganzes bilden, in dem sich die Teile wechselseitig beeinflussen und verändern.

Wer sich darin nach christlicher Tradition als Zentrum (»Krone der Schöpfung«) oder »Fels in der Brandung« empfinden will, wird unweigerlich scheitern. Sinn und Frieden des Daseins erfährt nur der, dem es gelingt, sich als Einzelner in den Kontext des Ganzen einzufügen – mit den Worten Carl Friedrich von Weizsäckers: »wenn das Ich sich erfährt als nicht die letzte und unbedingt zu behütende Wirklichkeit, sondern als ein Organ im umfassenden großen Organismus«. Moderne naturwissenschaftliche Philosophie des Westens und buddhistisches Denken des Ostens kommen sich sehr nahe – einer der Gründe, weshalb die Lehre des kleinen Mannes mit dem unergründlichen Lächeln gerade in der aufgeklärten Gesellschaft Europas und Amerikas so viel Resonanz findet.

Einfachen Gläubigen aber sind solche Vorstellungen zu abstrakt. Sie wollen Götter zum Anfassen, zum Anbeten; Götter, von denen der Mönch Ashin Kelasa sagt, der Anlass, an sie zu glauben, sei Angst. Sei man frei von Angst, brauche man keinen Gott. Aber die meisten Menschen in den buddhistischen Ländern Asiens brauchen diesen Gott. Und der, den sie anbeten, heißt Buddha und ist für sie ein »living Buddha«. In der großen Pagode von Mandalay wird ihm jeden Morgen um vier Uhr ein Frühstück aus Reis und Früchten serviert, seine Statue wird gewaschen, Duftwasser wird über ihr zerstäubt, die Zähne werden geputzt. In anderen Pagoden ist der »lebende« Gott so oft mit Blattgold als Opfergabe beklebt worden, dass sein Lächeln unkenntlich und sein Fürstenkopf zur unförmigen Saatkartoffel geworden sind.

Einfache Gläubige verstehen auch die Seele anders als ihr großer Lehrmeister. Für sie ist sie eine Art spirituell verdichtetes Ich, das seine individuelle Unverwechselbarkeit über den Tod hinaus bewahrt. Deswegen träumt der alte Marionettenspieler U Tun am Ende seines arbeits- und entbehrungsreichen Leben davon, dass seine Seele nach dem Tod einmal wenigstens im Götterhimmel wiedergeboren wird, den einfache Leute wie er noch immer über sich sehen. Das ist zwar für die Seele nicht mehr als eine Parkposition, denn bei den Göttern gibt es keine Möglichkeit, Verdienste zu erwerben und dem Nirwana nahe zu kommen, dem Ende des ewigen Kreislaufes der Wiedergeburten. Zwar weiß er, dass nur gutes Karma im Diesseits ihn ins erlösende Nirwana bringen kann, aber vorher würde er gerne noch einmal die Fun-Gesellschaft Götterhimmel erleben. Nach dem Volksglauben erhofft er dort köstliche Früchte und Jungfrauen, deren Jungfräulichkeit sich jede Nacht erneuert. Wenigstens einmal in seinen vielen Existenzen möchte der magere Marionettenspieler einen fetten Happen Leben genießen, bevor er sich wieder dem Verzicht und der Vervollkommnung widmet.

Bis zur Unkenntlichkeit vergoldet
Verehrung hat die vier Buddha-Statuen zu Klumpen gemacht. Jahrzehntelang haben Gläubige sie mit Blattgold beklebt

Ashin Kelasa, der kluge Mönch, kann über solche Vorstellungen nur den Kopf schütteln. Aber er tut es mit lächelnder Nachsicht. Er weiß, dass sich in allen Nischen des buddhistisch geprägten Volksglaubens der Aberglaube eingenistet hat. Es wimmelt darin von Himmeln und Höllen, Titanen und Hungergeistern, Glücksbringern, Unglücksboten, Talismanen und Dämonen aller Art. Kaum zehn Prozent der Buddhisten in Burma, Mönche eingeschlossen, hätten begriffen, was ihr großer Lehrer wirklich sagen wollte, glaubt Ashin Kelasa. Doch das regt den Mönch nicht auf. Klügere Menschen lernten mit dem Kopf und aus Büchern, sagt er, einfache mit dem Herzen und aus Legenden, das Ergebnis sei trotzdem gleich: ein Leben, das in Toleranz und tiefem Respekt gegenüber jedem anderen Leben und dem gesamten Kosmos geführt werde; ein Dasein, in dem Hass, Gier und Verblendung als Fehler gelten, die man zu überwinden sucht.

Diese praktischen Auswirkungen der buddhistischen Ethik sind stark und überall gleich, obwohl das Fehlen eines einheitlichen religiösen Regelwerks zur Entstehung ganz unterschiedlicher buddhistischer Glaubensformen geführt hat. Die Aufsplitterung begann rund 400 Jahre nach Buddhas Tod mit der Entstehung der »Mahayana«-Lehre. Im Gegensatz zur ursprünglichen »Hinayana«-Lehre, die nur einen Buddha und seinen Weg zur Erlösung kennt, entwickelte die neue Schule die Vorstellung, dass es mehrere Wege und viele Erlösungshelfer (»Bodisattvas«) gibt, teils lebende, irdische, teils himmlische, transzendente. Der ursrüngliche Buddhismus kennt nur den Weg der Selbsterlösung. Im Mahayana-Buddhismus aber können karmische Verdienste übertragen werden. Aus grenzlosem Mitleid mit der Welt verzichten die Bodisattvas darauf, ins glückselige Nirvana einzugehen, und sind stattdessen so lange für die Erlösung der Welt tätig, bis alle Lebewesen aus dem Kreislauf des Leidens befreit sind.

Aus dieser Vorstellung entstand ein ganzer Buddha-Himmel und eine ausgeklügelte Theologie, die vor allem im nordöstlichen Teil Asiens (Bhutan, China, Korea) verbreitet sind. Der Süden (Sri Lanka, Burma, Thailand, Kambodscha, Laos) blieben der ursprünglichen Lehre treu. Beide Hauptrichtungen des buddhistischen

Buddha hat viele Gestalten
In der Soon U Ponnyashin Pagode bei Mandalay nagt ein Hase an einer Möhre. Der Legende nach wurde der Erleuchtete einst auch als Langohr wiedergeboren

Glaubens entwickelten aber diverse Unter-Schulen und Spielarten mit jeweils eigenen Deutungen, Riten und heiligen Schriften. Sie reichen vom Extrem des Kirchenfürstentums in Tibet – mit strengen Priesterhierarchien und ausgetüftelten religiösen Riten – bis zum Zen-Buddhismus in Japan, der hohen Kunst der tiefen geistigen Versenkung, welche die Seele von der Verhaftung im Diesseitigen völlig befreien und ihr zum Sein-Lassen im doppelten Sinne verhelfen soll – loslassen und leben lassen.

In jeder seiner Formen verlangt der Buddhismus Selbst-Zucht – Zurückhaltung des Einzelnen, Respekt vor dem Anderen, Harmonie mit dem Ganzen. Das hat auch Schattenseiten. Konflikte werden nicht ausgetragen, sondern vermieden und umgangen. Kritik und offene Auseinandersetzung sind unerwünscht, oft unmöglich. Paradoxerweise schlägt die harmoniebedachte Haltung deshalb manchmal, wenn die Spannung zu hoch wird, in jähe Gewalt um. Wettstreit, gesellschaftlicher Fortschritt, Dynamik werden von dieser Haltung behindert – ein Grund, weswegen buddhistische Gesellschaften zu Traditionalismus neigen.

Von Kind auf wird diese Haltung trainiert. In der Klosterschule Naga Hlaing Gu in Yangon sitzen eintausend Jungen mit geschorenen Köpfen in rostroter Robe und sprechen das Mittagsgebet. »Alle Menschen des Osten mögen friedvoll sein, frei von Gefahren, Sorgen, Ängsten und Gebrechen. Alle Menschen des Westens mögen friedvoll sein, frei von Gefahren, Sorgen, Ängsten und Gebrechen. ...« Gebete, Meditation, Versenkung bestimmen neben dem Lernen den Tag der Internatsschüler. Wer sich prügelt, fliegt raus. Schon dem 13-jährigen Panida gelingt ansatzweise das Lächeln Buddhas, als er gefragt wird, was er tue, wenn er irgendein Problem habe – Streit mit einem Mitschüler, Heimweh, Ärger mit einem Lehrer. »Meditieren«, antwortet er ohne Zögern. Einatmen, ausatmen, bewusst atmen, so hat man es ihm beigebracht. Dann sieht er irgendwann eine Pagoden-Landschaft vor seinem inneren Auge, die äußere Welt verschwindet und mit ihr Trauer, Ärger, Sorgen und Schmerzen. Panida meditiert viel und betet oft. Er bittet den großen Buddha, ihn und seine Familie zu beschützen und von allen Sorgen zu befreien. Manchmal bittet er den Erleuchteten auch, ihm seinen größten Wunsch zu erfüllen: Er will General werden.

Wie sagte der kleine Mann aus Nordindien vor 2500 Jahren? »Für alle gibt es einen Weg, doch du bist dein eigener Meister – alles hängt von dir ab.« Und lächelte.

5. Jahrhundert v.Chr.
Lebenszeit von Siddhartha Gautama, dem historischen Buddha

1. Jahrhundert v Chr.
Die Mahayana-Schule entwickelt sich, der Buddhismus spaltet sich in zwei große Glaubensrichtungen

1. Jahrhundert
Der Buddhismus breitet sich von Nordostindien aus und erreicht China

4. Jahrhundert
Der Buddhismus erreicht Korea

6. Jahrhundert
Der Buddhismus gelangt bis Japan

7. bis 8. Jahrhundert
Erste Ausbreitung des Buddhismus in Tibet

1100 bis 1200
Zerstörung der Klöster und Niedergang des Buddhismus in Indien

1617 bis 1682
Regierungszeit des »großen« 5. Dalai Lama in Tibet, Errichtung des Potala-Palastes in Lhasa

1844
Erste Veröffentlichung buddhistischer Texte in den USA

1893
Buddhisten nehmen am Weltparlament der Religionen in Chicago teil

1935
Geburt von Tenzin Gyatso, dem derzeitigen (14.) Dalai Lama

1950
Chinesische Invasion Tibets. Der 14. Dalai Lama tritt vorzeitig als 15-Jähriger sein Amt an

1989
Nach dem Ende der Terrorherrschaft des Pol-Pot-Regimes wird der Buddhismus in Kambodscha wieder Staatsreligion. Im selben Jahr erhält der Dalai Lama den Friedensnobelpreis

Buddhismus im Überblick
Verbreitung, Geschichte, Lehre, Alltag

▶ **RELIGIONSSTIFTER**
Siddhartha Gautama (5. Jahrhundert v. Chr.), Fürstensohn aus Nordostindien, genannt Buddha, der Erleuchtete, der Erwachte

▶ **GOTT**
Es gibt keinen Gott, weder Schöpfer noch Schöpfung, die Welt war immer da. Sie ist eine in ständiger Veränderung begriffene Kombination von Materie und Geist. Von Anhängern aber wird Buddha wie ein Gott verehrt

▶ **RELIGIÖSES OBERHAUPT**
Gibt es nicht

▶ **KIRCHLICHE ORGANISATION**
Gibt es nicht, auch keine berufsmäßigen Priester

▶ **LEHRE**
Leben ist Leid. Durch Weisheit kann man sich vom Leid befreien und aus dem Kreislauf der Wiedergeburt in die selige Ruhe des Nirvana eingehen

▶ **HEILIGE SCHRIFTEN**
Tipitaka, der „Dreikorb", der drei Kompendien enthält:
1. Regeln für Mönche,
2. Lehrreden (Sutren) Buddhas,
3. Kommentar der Lehren Buddhas (Abhidhamma-Pitaka).

Die verschiedenen Schulen innerhalb des Buddhismus haben weitere Lehrtexte

▶ **AUFNAHMERITEN**
Heranwachsenden werden oft die Haare geschoren, und sie verbringen Tage oder Wochen in einem Kloster

▶ **TOTENRITEN**
Verstorbene werden verbrannt. Meist wird die Asche in einen Fluss oder das Meer gestreut, manchmal aufbewahrt

▶ **LEBEN NACH DEM TOD**
Wiedergeburt bis zum Eingang ins Nirvana

Der Faden, Sutra, mit dem die Schriften gebunden sind, gab ihnen den Namen: Sutren

▶ **VERBREITUNG NACH KONTINENT**

Afrika	0,04 Millionen
Ozeanien	0,4
Lateinamerika	0,7
Europa (ohne Russ.)	1,6
Russ. Föderation	2,0
Nordamerika	3,6
Asien	

Infografik: Maria Steffen

Anteil der Buddhisten (in Prozent)
- über 90
- über 75
- über 50
- über 15
- über 5

Anteil der Buddhisten an der Weltbevölkerung

8,1 Buddhisten
91,9 Nichtbuddhisten

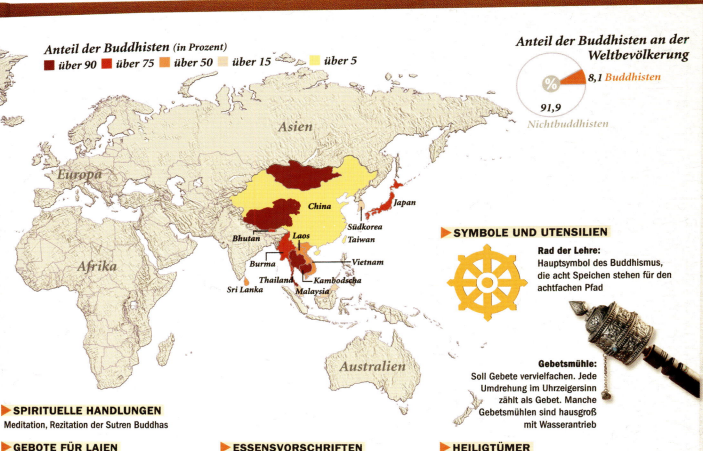

▶ SYMBOLE UND UTENSILIEN

Rad der Lehre: Hauptsymbol des Buddhismus, die acht Speichen stehen für den achtfachen Pfad

Gebetsmühle: Soll Gebete vervielfachen. Jede Umdrehung im Uhrzeigersinn zählt als Gebet. Manche Gebetsmühlen sind hausgroß mit Wasserantrieb

▶ SPIRITUELLE HANDLUNGEN
Meditation, Rezitation der Sutren Buddhas

▶ GEBOTE FÜR LAIEN
Das Leben achten, nicht töten, nicht stehlen, nicht lügen, keine Drogen oder Alkohol konsumieren

▶ GEBOTE FÜR MÖNCHE
Armut, Ehelosigkeit, Friedfertigkeit. Mönche haben einen geschorenen Kopf, dürfen nur ihre Kleidung und eine Almosenschale besitzen, kein Geld, keinen Schmuck annehmen, kein Theater und Kino besuchen, auch keine Sportveranstaltungen oder Paraden, mit Frauen nicht in einem Raum schlafen, nicht im Stehen urinieren. Gelübde werden aber immer nur für die Dauer des Klosteraufenthaltes abgelegt, das jederzeit verlassen werden kann

▶ ROLLE DER FRAU
Frauen werden respektiert. Sie können Nonnen werden, dürfen aber als solche kein Wanderleben führen, können ins Nirvana eingehen, aber niemals als Buddha wiedergeboren werden

▶ EHE UND SEX
Der Ehepartner soll respektiert, eheliche Treue gehalten werden

▶ ESSENSVORSCHRIFTEN
Nur für Mönche. Sie dürfen nach 12 Uhr nicht mehr essen und kein Fleisch von Tieren anrühren, das extra für sie geschlachtet wurde

▶ KLEIDUNGSVORSCHRIFTEN
Nur für Mönche. Sie tragen das einfachste Gewand mit der billigsten Farbe, deshalb meist gelb oder rostrot

▶ FEIERTAGE (nach Mondkalender)
Februar: Lichterprozessionen zur Erinnerung an Buddhas Predigt vor 1250 Zuhörern
Mai: Erinnerung an Geburt und Erleuchtung Buddhas und seinen Eingang ins Nirvana (höchstes Fest)
Juli: Gedenken an erste Predigt Buddhas vor fünf Schülern
Oktober: Feier zum Ende der Fastenzeit für Mönche
November: Lichterfest zum Vollmond

▶ HEILIGTÜMER
Tempel mit Reliquien Buddhas, zum Beispiel
- **Wat Phradhatu Sri Chom Tong Vorarlhara** in Thailand (Teil des Schädels)
- **Dalada Maligawa Tempel** in Kandy, Sri Lanka (Zahn)
- **Shwedagon-Pagode** in Yangon, Burma (Haare)

▶ AUSBREITUNG DES BUDDHISMUS

500 Millionen

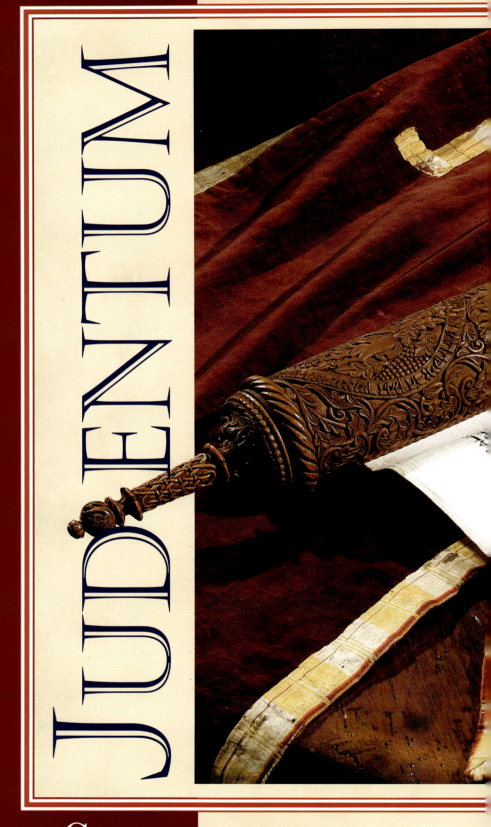

JUDENTUM

Gottes auserwähltes Volk

Kunstvoll gearbeitete Schriftrolle mit dem hebräischen Text des Buches Esther, einer biblischen Geschichte über jüdische Klugheit

Die älteste Religion der Welt, die nur einen Gott verehrt, folgt einem strengen Regelwerk. In der Tora ist es aufgezeichnet. Sie ist die Heilige Schrift der Juden. Von den Zehn Geboten bis zur Sabbat-Ruhe, von der Beschneidung bis zur koscheren Küche ist das spirituelle wie praktische Leben festgeschrieben. Gott, so sehen es die Juden, hat mit dem Volk Israel einen Bund geschlossen, der es von allen anderen Völkern unterscheidet

Eine Ruine ist die heiligste Stätte der Juden
AM FUSS DES TEMPELBERGES

Gläubige drängen am Laubhüttenfest zum Gebet an die Klagemauer in Jerusalem. Sie ist der letzte Rest des Zweiten Tempels, erbaut nach der Babylonischen Gefangenschaft. Die Römer zerstörten ihn im Jahr 70 n. Chr., danach begann die fast zwei Jahrtausende währende »Diaspora«, die Zerstreuung des jüdischen Volkes in alle Welt

»Ihr seht das Unglück, in dem wir sind, dass Jerusalem wüst liegt und seine Tore mit Feuer verbrannt sind«

NEHEMIA 2,17

»Kehr um, Israel, zum Herrn, deinem Gott! Denn du bist zu Fall gekommen durch deine Schuld«

HOSEA 14,2

Die Juden verlieren ihr Gelobtes Land
ZERSTÖRUNG DES ZWEITEN TEMPELS

Auf einem Schimmel stürmt der spätere Kaiser Titus im Jahr 70 n. Chr. den Tempel in Jerusalem, um die Juden zu strafen, die sich gegen das römische Imperium erhoben hatten. Das Volk Israel wird aus Palästina vertrieben. Der Maler Nicolas Poussin illustriert 1638 das Gemetzel mit abgeschlagenen Köpfen und anderen Gräueln

Mit Gottvertrauen zurück ins Land der Väter
PALÄSTINA, 1938
Jüdische Siedler tragen die Torarolle in einem feierlichen Zug in einen neu gegründeten Kibbuz. Der Ende des 19. Jahrhunderts begründete Zionismus hat Juden in aller Welt dazu bewogen, in ihr Heiliges Land zu emigrieren. Später suchen hier Zehntausende vor der Verfolgung durch die Nationalsozialisten Zuflucht

Ein junger Mann, der auf einem Hocker steht, wird 1906 bei einer Bar-Mizwa-Feier in Polen mit den Segenssprüchen der Gemeinde in den Kreis der Erwachsenen aufgenommen

Frauen und Kinder aus Ungarn auf der Rampe des Konzentrationslagers Auschwitz. Unter der Terrorherrschaft der Nationalsozialisten müssen Juden den Davidstern tragen — eine Stigmatisierung, gefolgt von Entrechtung, Verschleppung und schließlich der Vernichtung von sechs Millionen Juden

> *»Deine Erbauer eilen herbei, aber die dich zerbrochen und zerstört haben, werden sich davonmachen«*
>
> **JESAJA 49, 17**

Eine Katastrophe weckt das antisemitische Klischee

NEW YORK, 11. SEPTEMBER 2001

Orthodoxe Juden beobachten von einer Straße in Brooklyn aus die brennenden Türme des World Trade Centers. Nach den Terroranschlägen beschuldigen manche Verschwörungstheoretiker »die Juden« als Drahtzieher — wie schon so oft in der Geschichte. Im Mittelalter wurden sie für Pest und Brunnenvergiftung verantwortlich gemacht

»Reden bringt Ehre, aber Reden bringt auch Schande; und der Mensch kommt durch seine eigene Zunge zu Fall«

SIRACH 5,15

»Wer keine Frau hat, lebt ohne Freude, ohne Glück, ohne Seligkeit«

TALMUD, JEBAMOT 62 B

Braut und Bräutigam gelten als König und Königin

ELDRIDGE-STREET-SYNAGOGE, MANHATTAN

Unter einer Chupa, dem traditionellen Hochzeitsbaldachin, geben sich zwei junge New Yorker das Jawort. Das prunkvolle Gebetshaus hatten osteuropäische Juden 1887 erbaut. Mit zwei Millionen Juden hat New York die zweitgrößte jüdische Gemeinde der Welt, hinter Tel Aviv mit 2,6 Millionen und weit vor Jerusalem mit 575 000

»Wir sind Afrikaner, wir haben uns zu Juden erklärt und zu einem Teil des Volkes Israel«

RABBI GERSHOM SIZOMU, UGANDA

Abrahams schwarze Enkel in Afrika
NOMAHTUMBA-SYNAGOGE, UGANDA

Ein Kind spielt am Eingang des Gebetshauses mit Schuhen, die andere Gläubige hier abgestreift haben. Etwa 600 Menschen, die sich Abayudaya — Juden — nennen, leben im Osten Ugandas, weitab von der übrigen jüdischen Welt. Auch sie sehen sich als Enkel von Abraham. Ein einheimischer Elefantenjäger bekehrte ihre Dörfer 1919 zur Lehre des Alten Testaments

An diesem Nachmittag wird im jüdischen Viertel von Antwerpen der Glaube mit dem Nudelwalker gelehrt. Ein gutes Dutzend kleiner Mädchen in adretten weißen Blusen und dunklen Pullovern walzt mit einem runden Holzstab eine Handvoll Teig zu dünnen Fladen. »Schnell, macht schnell«, ruft ihr Lehrer mit der Kochmütze drängend und aufmunternd. Die Mädchen hängen die Teiglappen über das Nudelholz. Ihre Ohren sind rot vor Eifer. Kichernd eilen die Kinder zum Backofen, wo im Handumdrehen aus dem weichen Stück Teig knusprige »Mazza« wird, das traditionelle jüdische Brot fürs Pessachfest.

Der Lehrer ist zufrieden, die Unterrichtsstunde geglückt, der Glaube gefestigt. Die Zubereitung der Fladen hat gerade einmal 15 Minuten gedauert und blieb damit unter dem vorgeschriebenen Limit. Denn vom Anrühren des Mehls bis zur fertigen Mazza dürfen nicht mehr als 18 Minuten verstreichen. Ansonsten wäre ein göttliches Gebot verletzt. Achtzehn Minuten dauert es, so haben eminente Glaubens-Experten herausgefunden, bis Mehl bei Zugabe von Wasser zu fermentieren beginnt. Zum Pessachfest im Frühjahr darf aber in einem jüdischen Haushalt unter gar keinen Umständen irgendetwas vorhanden sein, geschweige denn auf den Tisch kommen, das auch nur im geringsten gären, säuern, fermentieren könnte.

Also wird das Brot zum Fest aus purem Mehl mit klarstem Wasser hergestellt, und das in Minutenfrist. Das Mehl wurde vorher unter der Aufsicht eines Rabbiners gemahlen, damit ja kein Stäubchen Hefe, kein welkender Halm, kein Tröpfchen Flüssigkeit zur Unzeit seine jungfräuliche Reinheit gefährden kann. Auch das Wasser ist nicht einfach vom Leitungshahn, sondern muß das sauberste vom sauberen sein. Vor dem Pessachfest 2004 etwa protestierten orthodoxe Gemeinden in Israel gegen die Absicht der Regierung, auch während der sieben Festtage Trinkwasser aus dem See Genezareth in die Haushalte zu leiten. Die strenggläubigen Juden befürchteten, moslemische Anrainer könnten achtlos Brot-reste in den See geworfen haben. Spuren dieser Verunreinigung würden dann trotz zwischengeschalteter Filter die Haushalte Israels erreichen und so das Pessachgebot verletzen.

Auch im Bahnhofsdistrikt von Antwerpen, wo mit 25 000 Juden die größte orthodoxe Gemeinde Europas die Nazi-Verfolgung überlebt hat, hält man sich gewissenhaft an die Reinheitsgebote für die Pessachzeit. Um jede Fermentierungsgefahr zu bannen, wird am Tag vor dem Fest das Haus

64

auf den Kopf gestellt, mit »Kerze und Feder« – so fordert der Talmud – werden alle Ecken ausgeleuchtet und ausgewischt. Kein Krümelchen darf übersehen werden. »Man sollte also nie eine neue Putzfrau nehmen vor Pessach, die wird sonst verrückt«, sagt Heidi Moszkowitz-Czajkowski, deren Mann eine koschere Metzgerei im jüdischen Viertel gehört.

Eigenes Pessachgeschirr ersetzt die üblichen Teller und Bestecke. Die Herdplatten werden mit Alufolie abgedeckt, »schmutzige«, also gesäuerte Reste würden sonst möglicherweise mit den Pessachspeisen in Berührung kommen. Die Hausfrauen räumen Kühlschränke und Speisekammern leer und kaufen garantiert ungesäuerte Lebensmittel eigens für die sieben Tage ein. Strenggläubige Juden ersetzen sogar die gewohnte Zahnpaste: Sie könnte Alkohol aus Getreide enthalten.

Wozu dieser Wust von Regeln? Nach jüdischer Auffassung sind die Pessachrituale kein schönes, aber unverbindliches Brauchtum, sondern die bindende Umsetzung göttlichen Gebots ins praktische Leben. Pessach erinnert an den von Moses angeführten Auszug Israels aus Ägypten, wo die Juden vom Pharao geknechtet und ausgebeutet worden waren. Dieser Aufbruch in ein neues, freies Leben erfolgte auf Gottes Anweisung über Nacht. Die Juden fanden gerade noch die Zeit, aus Wasser und Mehl, doch ohne Sauerteig, auf die Schnelle ein bißchen Brot zusammenzubacken.

Ein Lehrer zeigt Mädchen im Chabad-Gemeindezentrum von Antwerpen, wie mit einem Nudelholz ein Teig aus Mehl und Wasser zu dünnen Fladen ausgerollt wird. Die Herstellung von Mazza, Brot zum Pessachfest, ist bis ins Detail geregelt

Schon Moses, von Gott inspiriert, schrieb seinen Landsleuten vor, wie und warum sie in Zukunft dieses entscheidenden Datums zu gedenken hätten. Im 2. Buch (13,7-8) heißt es: »Du sollst sieben Tage ungesäuertes Brot essen, dass bei dir weder Sauerteig noch gesäuertes Brot gesehen werde an allen deinen Orten. Ihr sollt euren Söhnen sagen an demselben Tage: Das halten wir um dessentwillen, was uns der Herr getan hat, als wir aus Ägypten zogen.«

Da durch Moses Gott gesprochen hat, muß diese Vorschrift bis hin in die – für Nichtjuden – letzte Spitzfindigkeit befolgt werden. Das Regelwerk zum Pessachfest ist nur eines der Beispiele für die religiösen Gesetze,

»Und die Ohren des ganzen Volkes waren dem Gesetzbuch zugekehrt«

NEHEMIA, 8,1–8

Die Heilige Schrift ist Herzstück der Lehre
SHOMREI-HADASS-SYNAGOGE
Die Vorbeter der jüdischen Gemeinde von Antwerpen entrollen zum Morgengebet die Tora. Sie tragen dazu an Stirn und Armen die vorgeschriebenen Gebetskapseln Tefillin und den Gebetsschal Tallit. In der belgischen Stadt leben 25 000 Juden – die größte orthodoxe Gemeinde Europas

die das jüdische Leben strukturieren. Im ganzen gibt es 613 Verbote und Gebote für den Alltag. Sie beschäftigen sich mit so abgelegenen Themen wie den vier Heuschreckenarten, die im Gegensatz zu allen sonstigen Würmern und Insekten laut Moses koscher sind – wären sie nicht inzwischen ausgestorben. Sie behandeln aber auch intime Fragen, etwa die Zeit, in der Frauen keinen Geschlechtsverkehr haben dürfen (während der Menstruation und der Woche danach). Oder die Beschneidung der Neugeborenen, das von Gott jedem männlichen Juden abgeforderte Zeichen für den Bund zwischen ihm und dem Volk Israel.

Für Juden zeigt sich der ewige und einzige Gott vor allem in seinen Offenbarungen. Der Weg zu ihm führt daher über deren strikte Befolgung. Schon Abraham, der Stammvater Israels, wird laut Bibel von Gott auserwählt, »weil Abraham auf meinen Ruf gehört und weil er auf meine Anordnungen, Gebote, Satzungen und Weisungen geachtet hat«.

»Die wahre Gottesverehrung besteht im Halten der Gebote und nicht in müßiger Spekulation über das Wesen des Höchsten«, so der Religionswissenschaftler Thomas Schweer. Natürlich ist Gott auch für die älteste monotheistische Religion der Welt, die mit dem bunten Götter- und Geisterhimmel der Naturreligionen wahrscheinlich als erste Schluss machte, der Fels in der Brandung des Lebens. Unverrückbar, unzerstörbar. Aber ohne Gesicht. Zu groß, als dass die Menschen, seine Geschöpfe, sich von ihm ein Bild machen könnten (in den Zehn Geboten wird dies von Gott ausdrücklich verboten). Nicht einmal sein Name soll ausgesprochen oder »ausgeschrieben« werden. Jahwe ist der absolute Herr, der die Geschicke der Welt nach seinem Willen lenkt. Er ist streng und barmherzig zugleich. Wie ein mathematisches Axiom, das einfach existiert, aber nicht

Gleichberechtigung beim Gebet
Am Jewish Theological Seminary of America in New York sammeln sich Frauen in traditioneller Männerkleidung zur Morgenandacht. Erst seit kurzem ist ihnen das erlaubt

bewiesen werden kann, ruht Gottes Dasein in sich selbst: »Ich bin, der ich bin.« Die christliche Dreiteilung dieser obersten Gewalt in einen Vater, einen Sohn – der dann auch noch Mensch wird und am Kreuz stirbt – sowie einen Heiligen Geist ist für jüdisches Denken unbegreiflich.

Anders als Christen sprechen Juden auch ungern vom Glauben. Gott ist gegeben, man muß nicht an ihn glauben, Juden ziehen anstelle von Glaube den Begriff »Lehre« oder »Tradition« vor.

Betrunken in Erinnerung an Esther
Zwei junge Männer hängen in einer Bank. Am Purimfest trinken Juden auf die Rettung ihrer Ahnen durch die kluge Ester vor rund 2500 Jahren am persischen Hof

Was dieser unfassbare Gott den Menschen von sich preisgeben wollte, hat er seinen Propheten in den Mund gelegt. Der bedeutendste unter ihnen ist Moses. Diesem historisch nicht belegbaren Sprachrohr seines Wollens hat Jahwe die Zehn Gebote ausgehändigt, und von Moses stammen angeblich auch die ersten fünf Bücher der Bibel, die das Fundament des jüdischen Glaubens sind.

Weiter ragt Elias aus der Schar der Propheten heraus. Im Volksglauben ist seine Figur ein Vorbote des verheißenen Messias. Dieser Heilsbringer wird gegen Ende der Welt wieder erscheinen und ein Reich des Friedens und der Gerechtigkeit einrichten. An diesem neuen Garten Eden haben nur die Gottesfürchtigen teil. Die Gottlosen hingegen werden an einen trostlosen Ort verdammt. Die Konturen dieser »Hölle« und ihrer Schrecken bleiben aber, anders als im Christentum, sehr vage. (Jesus, der christliche Messias, ist für orthodoxe Juden ein irregeleiteter Schwärmer oder religiöser Hochstapler. Im Talmud wird er nicht erwähnt.)

Doch Gott hat sich nicht allen Menschen gleichermaßen offenbart. Er schloss einen Bund nur mit einem Volk auf der Erde, den Nachkommen Abrahams, den Israeliten. Salopp gesprochen, tätigte er mit diesem »auserwählten Volk« ein Geschäft auf Gegenseitigkeit: Israel erkennt ihn als einzigen Gott an und folgt allen seinen Geboten, und er gewährt den Juden dafür das Land, in dem »Milch und Honig fließen« und in der »kommenden Welt« ewige Seligkeit.

Immer dann, wenn das auserwählte Volk seinem Herrn untreu wurde, wenn es Götzen anbetete oder Schuld auf sich lud, wurde es nach

Ein Rabbi will den Sultan stürzen

Immer wieder bringt das Judentum fromme Eiferer hervor, die sich Gott spirituell nähern wollen – und zugleich die weltliche Macht herausfordern

Rabbi Sabbatai Zwi nach einem alten Stich

Vielen Juden ist ihre Religion zu rational. In Reaktion auf die Auslegung der Tora mit ihren strengen Gesetzen gab es häufig religiöse Bewegungen, die einen direkteren Weg zu Gott suchten. Die jüdischen Mystiker wollten »die Seele öffnen und die Knoten lösen, die sie gefangen halten«, und so dem orthodoxen Glauben eine spirituellere Komponente geben.

Vor allem in Osteuropa, wo es im 17. Jahrhundert zu entsetzlichen Pogromen durch die Kosaken gekommen war, setzte sich als Reaktion auf diese Verfolgungen der Chassidismus durch — eine mystische Richtung, die das Heil der Menschen nicht nur in der buchstabengetreuen Befolgung göttlicher Regeln erlangen will. Die Chassidim, Hebräisch für »die Frommen«, versuchen durch ekstatisches Gebet, durch Tanz und Gesang Nähe zu ihrem Gott zu erreichen.

Gleichzeitig, oft Hand in Hand mit dieser jüdischen Mystik, blühte damals der Glaube an einen Messias auf. Dieser Gesandte des Herrn, den Volksfrömmigkeit oft mit dem Propheten Elias gleichsetzte, sollte dem Elend der Juden in der Diaspora ein Ende machen wie überhaupt dem irdischen Jammertal. Der Erlöser sollte ein gerechtes und friedliches Reich Gottes mit Jerusalem als Hauptstadt verwirklichen. Immer wieder behaupteten religiöse Erwecker, sie seien dieser Ersehnte. Der berühmteste »Messias« war der aus Kleinasien stammende Rabbi Sabbatai Zwi (1626 – 1676). Auf dem Höhepunkt seiner Popularität setzte Sabbatai Zwi sogar den Talmud außer Kraft. Da das messianische Zeitalter angebrochen sei, gebe es keine Sünde mehr, so seine kühne Begründung. Die Gesetze des Talmud seien daher genauso sinnlos wie Trauer und Fasten. Der selbst ernannte Messias erklärte, er werde den osmanischen Sultan — den damaligen Herrscher im Heiligen Land — absetzen und an dessen Stelle treten. 1666 wurde dem Sultan das Treiben Sabbatai Zwis zu viel. Er stellte den Erlöser vor die Wahl, entweder Muslim oder hingerichtet zu werden. Sabbatai Zwi entschied sich fürs Überleben und betete fortan fünfmal täglich zu Allah. Seine treuesten Anhänger störte dieser Verrat nicht. Über den Tod ihres Messias hinaus glaubten sie an seine Wiederkehr.

der jüdischen Theologie von Jahwe bestraft. Die schlimmste Strafe war »Galut«, die Verbannung, aus dem Land, in das Moses es auf Gottes Geheiß geführt hatte. Das passierte 600 Jahre vor unserer Zeitrechnung, als die Juden für fünfzig Jahre ins Zwangs-Exil nach Babylon deportiert wurden. Das geschah noch katastrophaler nach den Siegen der Römer, als der spätere Kaiser Titus 70 n. Chr Jerusalem eroberte, den Tempel zerstörte und Kaiser Hadrian im Jahr 135 den letzten Widerstand brach. Jerusalem und sein Umland wurden die römische Provinz Palästina, die Juden zerstreuten sich in alle Winde.

Mittagessen im koscheren Restaurant
Richtige Männer behalten die Hüte auf, wenn sie bei »Hoffy's« in Antwerpen einkehren. Die Kopfbedeckung zeigt Demut vor Gott

Das Judentum wurde eine Diaspora-Religion. Die meisten jüdischen Exilgemeinden bildeten sich in christlicher oder muslimischer Umgebung. Das Verhältnis der christlichen Welt zu den Juden war fast immer gespannt. Perioden oft nur widerwilliger Duldung wechselten über die Jahrhunderte mit Zeiten offener Diskriminierung und brutaler Verfolgung.

Der Islam hingegen tolerierte die jüdische Religion meist als eine Vorstufe des Glaubens an Allah – Mohammed hatte den strengen Monotheismus des Judentums weitgehend in den Koran übernommen. Der heutige Hass der muslimischen Welt auf die Juden ist kein religiöses, sondern ein politisches Phänomen, ausgelöst erst durch die zionistische Einwanderung und die Gründung des Staates Israel 1948.

Unter gläubigen Juden gehen die Meinungen weit auseinander, ob die Rückkehr in den gegenwärtige Staat Israel ein Schritt hin zum Reich des Messias ist. Der Jerusalemer Rabbiner Eliahu Avichail etwa bejaht dies: »Das grundlegende Element der Erlösung ist Austritt aus der Diaspora und Leben in Israel, das keiner fremden Macht unterworfen ist. Die Erlösung wird nicht vollkommen sein, bis das ganze Volk Israel in seinem Land leben wird ... geführt von der Thora.« Doch viele orthodoxe Juden sehen den Staat von Theodor Herzl und David Ben Gurion als laizistisches, gottfernes Gebilde an, in dem nichts auf die Ankunft des Messias verweist. Sie lehnen es ab, dorthin zurückzugehen.

»Oh Herr unser Gott, du hast das Heilige vom Profanen geschieden, das Licht von der Dunkelheit, Israel von den anderen Völkern und den Sabbath von den sechs Arbeitstagen«, heißt es in einem populären jüdischen Gebet. Diese privilegierte Stellung eines Volks gegenüber Gott ist unter den großen Religionen einmalig. Fast alle Glaubensgemeinschaften wollen ihre Wahrheit so weit wie möglich, am besten über die gesamte Menschheit, verbreiten. Das Judentum dagegen hat keine missionarischen Züge. Menschen anderer Bekenntnisse sollen sich am jüdischen Leben, das Gottes- und Menschenliebe als höchste Werte ansieht, ein Beispiel nehmen. Dann können sie auch ins Paradies eingehen, falls sie ein gutes, ein »gerechtes« Leben führten. In den engen Bund Israels mit Jahwe aber will man sie nicht unbedingt einbeziehen. Zwar kann man zum jüdischen Glauben konvertieren, doch die Hürden sind hoch und aktive Bekehrungs-Versuche seitens der Religionsgemeinschaft werden nicht unternommen. So gilt auch heute noch die religiöse Faust-Regel: Jude ist der, dessen Mutter Jüdin ist.

Der gottgewollte Unterschied zum Rest der Welt war stets die große Stärke und zugleich die große Schwäche des Judentums: Das Bewusstsein, »auserwählt« und damit anders zu sein, schweißte die jüdischen Gemeinden zusammen und sicherte ihr unverfälschtes Fortbestehen durch die Jahrhunderte. Umgekehrt erschwerte die strikte Einhaltung der Gebote aus ihrem Bund mit Gott die Assimilierung an die Andersgläubigen, unter denen sie lebten, grenzte die Juden in deren Augen aus und machte sie verdächtig. Kam wie in christlicher Umgebung noch religiöser Hass dazu – laut Neuem Testament sind ja die Juden für die Kreuzigung Christi verantwortlich –, dann war leicht der Boden für Diskriminierung und für Pogrome bereitet, wie die leidvolle Geschichte der Kinder Israels immer wieder zeigt.

Morgengebet am Donnerstag in der Hauptsynagoge der orthodoxen Shonrej-Hadass-Gemeinde von Antwerpen. Massive Zahlenschlösser, Videokameras und ein muskulöser Wachposten sichern den Eingang. Am Tag zuvor haben die Israeli den Hamas-Führer Scheich Jassin »gezielt getötet«, jetzt befürchtet man in Antwerpen Reaktionen der muslimischen Minderheit in der Stadt. Im »Schtibl«, dem kleineren Gebetsraum, sammeln sich zwei Dutzend Männer, das Morgengebet ist ihre Sache. Frauen haben dabei nichts zu suchen. Sie sind wegen ihrer biblischen

Ein Stern aus zwei Dreiecken
Der Davidstern, seit der Antike ein spirituelles Symbol, ist seit dem Mittelalter ein Wahrzeichen des Judentums. Ein Bezug zu König David ist nicht nachzuweisen

Rolle als Hausfrau und Mutter von den vorgeschriebenen drei täglichen Gebeten entbunden.

Eingehüllt in den traditionellen schwarz-weißen Gebetsschal mit vier Fransen, die schon Moses vorschrieb, verteilt ein Mann Flugblätter. Sie rechtfertigen das Attentat und fordern die Antwerpener Behörden auf, einen muslimischen Protestmarsch zu verbieten. »Wir leben nicht mehr in den Zeiten Abrahams«, sagt ein anderer Besucher der Andacht, »Auge um Auge, Zahn um Zahn ist heute keine Lösung mehr.« Auch er trägt den Gebetsschal. Orthodoxes Judentum ist politisch kein monolithischer Block.

Werkzeug zum Vollzug des Bundes mit Gott
Dieses holländische Beschneidungsbesteck diente Anfang des 19. Jahrhunderts zum Entfernen der Vorhaut von Neugeborenen

Dann stehen die beiden Männer einträchtig betend nebeneinander. Über der Stirn mit einem Riemen befestigt, tragen sie ein schwarzes, viereckiges Kästchen aus Leder. Ein zweites haben sie mit einem Riemen, der sieben Mal um ihren Arm gewickelt ist, nahe dem Ellenbogen befestigt. Beide Kapseln enthalten auf Pergament geschrieben vier Bibelstellen. In diesen heißt es, Symbole für den Bund mit Gott »sollen ein Zeichen sein auf deinem Arm und eine Erinnerung zwischen deinen Augen«. In dem Kästchen auf der Stirn muss jedes der vier Zitate auf ein eigenes Stück Papier geschrieben sein. Im Behälter am Arm hingegen stehen alle vier auf einem Blatt. Niemand weiß, warum.

Ebenso wenig gibt es eine schlüssige Erklärung, weshalb die jüdische Bibel vorschreibt, unter allen Säugetieren nur das Fleisch von Wiederkäuern mit gespaltenem Huf zu essen. Also auch nicht das der Kamele (Wiederkäuer, aber kein ganz gespaltener Huf) oder der Schweine (gespaltener Huf, doch kein Wiederkäuer). Nach der Meinung strenggläubiger Juden bedarf es keiner Begründung. Gott muß seine Gebote nicht erläutern. Hygienische Argumente, etwa Trichinengefahr bei Schweinen, lehnen sie als Pseudoerklärungen ab. Der Religionswissenschaftler Alfred J. Kolatsch: »Der Zweck der Speisegesetze besteht ausschließlich darin, dem jüdischen Volk seine Heiligkeit und seine Einheit zu bewahren, nicht aber seine Gesundheit.«

Im Kern sind die Essregeln wie auch alle anderen Vorschriften der jüdischen Religion in der Thora niedergelegt. Thora heißt auf Deutsch

»Weisung« oder »Gesetz« und hat eine doppelte Bedeutung. Die Thora im engeren Sinn sind die fünf Bücher Moses, die den Zeitraum von der Erschaffung der Welt bis zum Tod des Moses umfassen. (Den er allerdings schwer selbst beschrieben haben kann.) Im erweiterten Sinn gehören die später entstandenen Schriften der Propheten, die biblischen Geschichtsbücher, wie die über David und Salomon, sowie die Psalmen dazu.

Darüber hinaus gibt es auch eine »mündliche Thora«, die angeblich jene Offenbarungen Gottes an Moses enthält, die vom Propheten nicht niedergeschrieben wurden. Sie hat man über Jahrhunderte von Mund zu Mund weitergegeben und erst im 3. Jahrhundert n. Chr. aufgezeichnet. Zusammen mit gelehrten Auslegungen und Erklärungen bilden sie den Talmud (Talmud = Lehre, Studium), die jüdische Richtschnur für alle Lebenslagen. Weil der Talmud aber bereits im 6. Jahrhundert schriftlich fixiert war, sind im Lauf der Zeit um jedes seiner Kapitel aus der Feder gelehrter Rabbiner neue Kommentare und dann Kommentare der Kommentare entstanden. Die Seiten einer heutigen Talmud-Ausgabe gleichen buchstäblich dem Querschnitt durch einen Baumstamm: in der Mitte die Urschrift, das Mark, und außen herum wie Jahresringe die Kommentare.

Frauen bringen Licht in die Welt
Gemäß der Tradition zündet Heidi Moszkowitz-Czajkowski zum Beginn des Sabbats am Freitagabend Kerzen an

Da in der klassische Thora mit ihren fünf Büchern Moses der spirituelle Kern des Judentums steckt, ist die Thorarolle das Herzstück jeder Synagoge. Als Träger von Gottes Wort müssen diese Rollen makellos sein. Ihr Text wird mit einem Federkiel in tiefschwarzer Tinte auf Pergament geschrieben, das von kosheren Tieren stammen muß. Es darf nicht den kleinsten Riss aufweisen, dem Schreiber bei seiner monatelangen Arbeit kein Fehler unterlaufen. Vertut er sich oder gerät ihm eine Zeile krumm, war alle Mühe umsonst.

An der Ostseite jedes Bethauses ist die Thorarolle in einem reich verzierten Schrank die meiste Zeit hinter einem Vorhang verborgen. Doch wie immer am Donnerstag – sowie jeden Sabbat und Montag – entnimmt auch heute der Vorbeter der Antwerpener Synagoge mit Hilfe einiger Gemeindemitglieder das an zwei Stäben aufgewickelte Pergament seinem Futteral. Neben ihm steht der Oberrabbiner der Stadt in stiller Andacht.

Rabbiner sind zwar fromme Schriftgelehrte mit Diplom, deren Talmud-Auslegungen von den Gläubigen geschätzt und meist auch befolgt werden, doch eine Priesterkaste bilden sie nicht. Geistliche Hierarchien wie im Katholizismus mit Papst, Kardinälen, Bischöfen, Priestern und Laien sind im Judentum unbekannt. Jeder Gläubige steht Gott unmittelbar gegenüber. Daher stört es auch niemanden, dass es jetzt ein Laie ist, der mit einem Sprechgesang einen Abschnitt aus der Thora rezitiert und der Oberrabbiner schweigende Randfigur bleibt. Nach Ende seiner Lesung hält der Vorsänger die Rolle hoch über alle Häupter und sagt: »Dies ist das Gesetz, das Moses den Kindern Israels vorlegte«. Dann wird sie wieder zusammengerollt und feierlich verstaut.

Ob denn die gesamte jüdische Bevölkerung Antwerpens, dem »Jerusalem des Nordens«, bis aufs i-Tüpfelchen nach den Gesetzen der Bibel lebe? Jacques Wenger, Direktor der israelischen Gemeinde im Diamanten-Viertel tätig, ist vorsichtig. Fünfzig Prozent, so schätzt er, aber auch alle anderen schickten ihre Kinder auf eine jüdische Schule. Diejenigen, die eher Religion light praktizierten, blieben ebenfalls Söhne Israels. »Wer als Jude geboren ist, bleibt Jude. Schwarz kann nicht weiß werden.« Natürlich, es gebe Grautöne: Ultra-Orthodoxe, Orthodoxe, Konservative, Reformer. Aber die Thora sei der gemeinsame Nenner: »das Blut des jüdischen Volks«. Dann zitiert er einen einprägsamen Vergleich: »Alle Juden stehen auf derselben Leiter, aber nicht auf derselben Sprosse.«

Metzgersgattin Heidi Moszkowitz Czajkowski würde demnach auf einer Sprosse knapp über der Mitte stehen – wenn die 1951 geborene Münchnerin überhaupt einmal ruhig stände. Die quirlige Tochter polnischer Juden wuchs nach dem Krieg in Bayern auf, sprach mit ihrer Großmutter Jiddisch, mit den Eltern Polnisch, in der Schule breites Bayrisch und lernte mit 23 Jahren auf einem Familienfest den Antwerpener Schlachtermeister Moszkowitz kennen: »Drei Tage nach unserem ersten Treffen hat er mir einen Heiratsantrag gemacht.«

Die Mutter von drei erwachsenen Söhnen hat Musik studiert – »bei dem Mädchennamen Czajkowski ja kein Wunder« – und später für Luxemburg und Belgien Schlager zum Grand-Prix-Festival komponiert. Einer ihrer Erfolge hieß: »Du hast feuerrote Ohren, wenn du mich belügst, du hast feuerrote Ohren, wenn du mich betrügst.« Sie singt ihren Hit mit eigenhändiger Klavierbegleitung vor. Ihr Traum wäre, sagt sie, ein ganzes Musical auf Jiddisch zu schreiben. Komödien in dieser Sprache des osteuropäischen Judentums hat sie schon verfasst und in Antwerpen aufgeführt.

Im hebräischen Viertel der Stadt ist Jiddisch, das sich historisch aus einem mittelhochdeutschen Dialekt entwickelte, noch immer Umgangssprache. Die meisten der heute in Antwerpen ansässigen Juden stammen von Immigranten ab, die hier im 19. Jahrhundert vor antisemitischen Ausschreitungen im zaristischen Russland Zuflucht suchten. Die Hälfte der Gemeinde wurde während der deutschen Okkupation vernichtet oder floh ins Ausland. Aber die Antwerpener Juden konnten sich auch unter der Verfolgung ihre Kultur und Sprache bewahren.

Eines der Lustspiele von Heidi Moszkowitz hat das Purimfest zum Thema. Lachen über einen religiösen Feiertag, widerspricht das nicht den strengen mosaischen Gesetzen? Steht das nicht im Gegensatz zu dem ernsten, fast düsteren Eindruck, den die schwarzen Gehröcke und Hüte der orthodoxen jüdischen Männer und die gedeckten, dunklen Gewänder der Frauen auf der Straße machen? »Nein, nein.« Sie schüttelt energisch den Kopf unter den hennaroten Haaren. »Jüdischer Glaube kann sehr fröhlich sein.«

Ein Blick in den Talmud bestätigt das. Zum Purimfest im Frühjahr etwa, das auf das biblische Buch Esther zurückgeht, schreibt der Talmud vor, ein Mann sei verpflichtet, so viel Wein zu trinken, bis er die Aussagen in diesem Buch durcheinanderbringe. Leichtlebigkeit wird hier biblisch gerechtfertigt: Der Legende nach hat die schöne Esther am persischen Hof eine tödliche Intrige abgewehrt und einen erbitterten Feind der Juden während eines Weingelages ausgeschaltet.

Wein ist erlaubt — aber koscher muss er sein
Moshe Feldman mit einer Magnumflasche »Rothschild«. Ob der Haut-Médoc den Regeln genügt, wird im Weinberg geprüft

»Und dann das Hohe Lied Salomons«, sagt Heidi Moszkowitz, »das ist ein ganz sinnlicher, fast ekstatischer Hymnus auf die Freuden der Liebe.« Sexualität hat für die jüdische Religion außer bei wenigen ultraorthodoxen Randgruppen nicht das unterschwellig negative Vorzeichen, mit dem das Christentum sie seit den Tagen des Apostel Paulus bewertet. Diese Sinnlichkeit muß allerdings in einer festen Verbindung, sprich der Ehe, ausgelebt werden. »Es ist nicht gut, dass der Mensch allein sei, ich will ihm eine Gehilfin machen«, sprach der Herr (1. Moses, 2,18). Der Talmud kleidete dieses Leitwort dann mit Gefühlen aus: »Wer keine Frau hat, lebt ohne Freude, ohne Glück, ohne Seligkeit.«

Mit den vielen Regeln und Tabus ihrer Religion kann Heidi Moszkowitz leben. »Sie halten die jüdische Identität zusammen.« Manche ignoriert sie einfach. So trägt sie weder Perücke noch Kopftuch, obwohl sie als verheiratete Frau ihr Haupt eigentlich bedecken sollte. Über die untergeordnete Stellung der Frau, die im Schöpfungsbericht »Gehilfin« des Mannes heißt, sieht sie achselzuckend hinweg. »Im Morgengebet bedanken sich unsere Männer beim Herrn, dass sie keine Frauen sind. Aber das ist mir wurscht.« Sie würde auch nicht unbedingt hungern, falls auf Reisen koscheres Essen nicht verfügbar wäre. »Die Juden in den Konzentrationslagern wurden sicher auch nicht koscher ernährt.«

Doch zu Hause folgt sie den peniblen jüdischen Speisevorschriften. Sie hat eine »milchige« und eine »fleischige« Küche. In der Bibel steht das Verbot, ein Zicklein in der Milch seiner Mutter zu kochen. Daher dürfen laut Thora Gerichte auf Milchbasis nie mit Fleisch zusammenkommen. Nicht einmal im Magen: Gläubige Juden lassen sechs Stunden Verdauungsspielraum, bevor sie nach einem Fleischgericht etwa eine Quarktasche essen, umgekehrt reicht eine Stunde Abstand. Zum Glück sind Fische weder Milch noch Fleisch und können beide Küchen ergänzen, ebenso Gemüse.

Alle Nahrungsmittel müssen koscher, zu Deutsch »rein, geeignet« sein. Die Lehre von der Reinheit ist eine Wissenschaft für sich. Koscher sind alle Tiere mit Schuppen und Flossen, also die meisten Fische, nicht koscher die übrige Meeresfauna wie Hummer oder Tintenfisch. Koscher sind die gängigen Geflügelarten von der Taube bis zur Gans und bei den Säugetieren, wie schon erwähnt, nur paarhufige Wiederkäuer. Sie müssen allerdings rituell geschlachtet werden und völlig ausbluten. Daher ist auch Wildbret nicht zulässig, da das Tier nicht den Vorschriften gemäß getötet wurde.

Äpfel mit einem Wurm, Salatköpfe mit Schneckenfraß – alles unrein, denn Weichtiere und Insekten (Ausnahme: die vier verschollenen Heuschreckenarten) fallen unter das biblische Verbot. Selbst Wein benötigt für strenggläubige Juden das Reinheitszertifikat. Die Hände von Götzendienern könnten ihn unrein gemacht haben. Die Spirituosenhandlung im jüdischen Viertel von Antwerpen bietet edle Tropfen an, 1999er Chablis genau so wie Mersault Jahrgang 2001, Premier Cru, alle mit dem Stempel »Vom Rabbinat geprüft«.

Den Sabbat hält Familie Moszkowitz heilig. Arbeit ist am Sabbat, den Gott nach sechs Schöpfungstagen zum Ruhetag machte, strikt verboten. In biblischen Zeiten stand auf Verletzung der Sabbatruhe die Todes-

WIE WIRD MAN JUDE?

Andere Religionen missionieren, freuen sich über jeden neuen Gläubigen. Im Judentum ist das etwas anders

Urkunde einer Konversion
Mit ihrer Unterschrift wurde Marilyn Monroe 1956 Jüdin

Wer zum Judentum übertreten will, muss jüdisches Wissen erwerben, sich einem dreiköpfigen rabbinischen Gericht, dem Bejt Din, zur Prüfung vorstellen und nach erfolgreichem Abschluss in der Mikwe, dem rituellen Bad, dreimal untertauchen. Männer müssen sich zudem beschneiden lassen. So weit die Theorie.
In der Praxis werden Bewerber zunächst meist abgewiesen. Das Judentum missioniert nicht – im Unterschied zu Christentum und Islam, die ihre Religion universal verbreiten wollen. Wer Jude werden will, muss beweisen, dass es ihm mit dem Übertritt ernst ist. »Ich will Jude werden, um dereinst in den Himmel zu kommen«, wird keinen Rabbiner überzeugen. Der Aspirant muss Hebräisch lernen, um die Tora einigermaßen zu verstehen. Er sollte zwei bis drei Jahre lang durch praktische Teilnahme in die Lebensregeln der jüdischen Welt hineinwachsen, muss insbesondere mit den Speisevorschriften und der Gestaltung der Feiertage genau vertraut sein.
Orthodoxe und liberale jüdische Gemeinden betrachten die Aufnahmepraxis des jeweils anderen Lagers misstrauisch. Das hat einen handfesten Grund: Der Staat Israel garantiert allen Juden das Recht auf Einwanderung. Vor kurzem haben orthodoxe Rabbiner vor dem obersten israelischen Gerichtshof – erfolglos – gegen die Einbürgerung eines Mannes geklagt, der nach zu liberalen Regeln in den USA konvertiert sein soll.

strafe. Die gewissenhaften Exegeten der Thora haben im Lauf der Jahrhunderte 39 Kategorien von Tätigkeiten katalogisiert, die an diesem Tag, der mit dem Freitagabend beginnt und am Samstagabend endet, untersagt sind. In den modernen Zeiten verästelte sich dieses Regelwerk ungemein. Orthodoxe Juden etwa stellen heute nicht einmal den Elektroherd an, denn Feuermachen ist verboten und das Schließen eines Stromkreises gilt für sie als eine Art Feuer. In großen Hotels gibt es neben dem normalen Lift einen eigenen Sabbat-Aufzug, der automatisch auf jedem Stockwerk hält. So braucht der gläubige Gast keinen Knopf zu drücken.

Gottes Wort, in Stein gemeißelt
Eine fromme Illustration aus dem 19. Jahrhundert zeigt, wie Moses direkt aus der Hand Jahwes die Tafeln mit den Zehn Geboten empfängt

Heidi Moszkowitz sieht im jüdischen Sonntag jedoch weniger den Tag der Verbote, sondern eher den Familientag, der durch seine Ruhe und stille Harmonie auf das verheißene messianische Zeitalter verweist. »Wenn ich am Freitagabend die Kerzen anzünde, begrüße ich den Sabbat wie eine Königin.« Das Kerzenanzünden als Auftakt zum Festtag ist Frauensache. Die Talmud-Erklärung ist poetisch, doch nicht schmeichelhaft. Da Eva sich im Paradies von der Schlange in Versuchung führen ließ, hat sie durch ihre Sünde das Licht in der Welt verdunkelt. Mit dem Anzünden der Kerzen holt sie es wieder zurück.

Manchmal befolge sie die Gebote ihrer Religion eher instinktiv, ohne genau den theologischen Hintergrund zu kennen, sagt Frau Moszkowitz. Dann kriege sie von ihrem jüngsten Sohn, der in Jerusalem zur Zeit Thora-Studien betreibt, tadelnd zu hören: »Aber Mama, das sind Grundwerte unseres Glaubens.« Hebräisch, die Sprache des Talmuds, beherrscht die Verfasserin von »Feuerrote Ohren« nur so halbwegs. Ihrem gelebten Judentum tut das wenig Abbruch: »Wenn es mir dreckig geht, lese ich die Psalmen auf Jiddisch. Und gleich fühle ich mich viel besser.«

um 1250 v. Chr.
Auszug aus Ägypten unter der Führung von Moses

um 1000–928 v. Chr.
Glanzzeit des jüdischen Reiches unter den Königen David und Salomo: David vereinigt die Königreiche Juda und Israel und macht Jerusalem zur Hauptstadt, Salomo lässt dort Jahwe einen prächtigen Tempel bauen

587 v. Chr.
Zerstörung des Ersten Tempels, 50-jähriges Babylonisches Exil

515 v. Chr.
Nach der Rückkehr aus der Babylonischen Gefangenschaft Einweihung des Zweiten Tempels in Jerusalem

63 v. Chr.
Palästina wird römische Provinz

70 nach Chr.
Nach einem jüdischen Aufstand gegen Rom nimmt Titus Jerusalem ein und zerstört den Zweiten Tempel. Das Judentum wird »Diaspora«-Religion (griechisch: Zerstreuung). Juden leben als Minderheit in Ländern mit anderer Religion

638
Araber erobern Palästina

1066
Erstes Judenpogrom in Spanien, dem im Mittelalter zahlreiche Verfolgungswellen folgen, etwa während der Pestepidemien des 14. Jahrhunderts in Zentraleuropa sowie jene, die 1492 zur Vertreibung der Juden aus Spanien führen

ab 1870
Aufkommen des so genannten modernen Antisemitismus

1933–1945
Verfolgung und Völkermord an Juden im deutschen Machtbereich. Die Nazis ermorden sechs Millionen Juden, das enspricht zwei Dritteln der jüdischen Bevölkerung Europas vor dem Krieg

1948
Ausrufung des Staates Israel

Judentum im Überblick
Verbreitung, Geschichte, Lehre, Alltag

▶ RELIGIONSSTIFTER
Gibt es nicht. Gott selbst hat sich dem Volk Israel über mehrere Propheten mitgeteilt. Die drei wichtigsten sind Abraham, Moses und Elia

▶ GOTT
Ein allmächtiger, ewiger Gott, der für die menschlichen Sinne weder vorstellbar noch ergründbar ist

▶ RELIGIÖSES OBERHAUPT
Gibt es nicht

▶ KIRCHLICHE ORGANISATION
Gibt es nicht, Organisationen wie der Zentralrat der Juden in Deutschland oder der Jüdische Weltkongress sind weltliche Interessenvertretungen

▶ LEHRE
Gott schloss mit seinem „auserwählten Volk" Israel einen Bund. Wer seinen Geboten folgt, den belohnt er schon im irdischen Leben und nach dem Tod in der „kommenden Welt" mit ewiger Glückseligkeit. Wer sich gegen Gott versündigt, den ereilt ewige Verdammnis

▶ HEILIGE SCHRIFTEN
Die Tora, deren Kernstück die fünf Bücher Mose sind. Der Talmud, in dem die Richtlinien der Tora von Schriftgelehrten ausgelegt und sämtlichen Lebenslagen angepasst wurden

▶ PRIESTER
Priester kennt das Judentum nicht. Jeder Mensch ist direkt vor Gott verantwortlich. Rabbiner sind fromme Gelehrte, die sich mit Glaubensfragen beschäftigen und Gemeindemitgliedern Rat geben, haben aber keine hierarchische Funktion

▶ AUFNAHMERITEN
Jedes Kind, das von einer jüdischen Mutter geboren wird, ist automatisch Jude oder Jüdin. Söhne müssen am achten Tag nach der Geburt beschnitten werden

▶ TOTENRITEN
Erdbestattung auf einem Friedhof – der Tote soll wieder „zu Staub werden". Beerdigung soll 24 Stunden nach dem Tod erfolgen, spätestens drei Tage danach

▶ LEBEN NACH DEM TOD
Die Seelen der Toten gehen nach einem gottgefälligen Leben in einen Garten Eden ein. Nach Erscheinen des Messias und dem Jüngsten Gericht erwartet die Gerechten die leibliche Auferstehung und das ewige Leben

Die Tora, aufgerollt auf zwei Hölzern

▶ JÜDISCHE EINWOHNER | PROZE*

USA ▶	5 700 000	2,01
Frankreich ▶	519 000	0,88
Kanada ▶	364 000	1,18
Großbritannien ▶	273 500	0,46
Argentinien ▶	195 000	0,53
Deutschland ▶	103 000	0,13
Belgien ▶	31 400	0,31
Lettland ▶	9600	0,40

*Anteil an der Gesamtbevölkerung

▶ VERBREITUNG NACH KONTINEN
Es gibt heute weltweit etwa 13 Millionen Juden. Einziger mehrheitlich jüdischer Staat ist Israel

Asien	0,02 Millionen
Afrika	0,09
Ozeanien	0,1
Lateinamerika	0,4
Russ. Föderation	0,5
Europa	1,5
Israel	
Nordamerika	

infografik: Maria Steffen

■ Städte mit großen jüdischen Gemeinden

Anteil der Juden an der Weltbevölkerung

0,2 Juden
99,8 Nichtjuden

▶ SYMBOLE UND UTENSILIEN

Der Davidstern besteht aus zwei ineinander verschränkten Dreiecken

Die Menora, ein siebenarmiger Leuchter, geht zurück auf die goldene Menora, die im Zweiten Tempel stand

▶ HEILIGTÜMER

Seit der Zerstörung des Tempels in Jerusalem durch die Römer im Jahre 70 n. Chr. gibt es kein zentrales Heiligtum. Noch immer aber ist **Jerusalem mit der Klagemauer** die heilige Stadt. „Ersatzheiligtum" jeder jüdischen Gemeinde ist die Torarolle in der Synagoge

▶ KLEIDUNGSVORSCHRIFTEN

Pflicht für Männer ist das Tragen von **Gebetsschal** und **Gebetskapseln** an Stirn und Arm während der Gebete. Die **Kippa,** das Käppchen der Männer, ist weit verbreitet, doch nicht überall Pflicht. In orthodoxen Gemeinden tragen die Männer schwarze Hüte, Anzüge und Mäntel, die Frauen Perücken, Kopftücher und lange Gewänder

Gebetskapseln, auf der Stirn und am Arm zu tragen

Gebetsschal   Kippa

Einwohner: 6,6 Mio.
Juden: 77,5 %
Muslime: 15,3 %
Christen: 2,1 %
Drusen: 1,6 %

▶ JÜDISCHE EINWOHNER IN STÄDTEN

Tel Aviv* ▶	2 575 000
New York* ▶	2 051 000
Los Angeles* ▶	668 000
Jerusalem ▶	575 000
Miami* ▶	498 000
Paris ▶	310 000
Philadelphia* ▶	285 000
Chicago* ▶	265 000
Boston* ▶	254 000
Antwerpen ▶	20 000

*Großraum

▶ ROLLE DER FRAU

Erst in jüngster Zeit und vornehmlich bei liberalen Juden haben Frauen die gleichen religiösen Rechte und Pflichten wie Männer. In den strenggläubigen Gemeinden ist ihre Rolle die der Hausfrau und Mutter. Deshalb sind sie von den für Männer obligaten drei täglichen Gebeten befreit

▶ EHE UND SEX

Die Ehe ist gottgefällige Norm. Sex vor oder außerhalb der Ehe ist verboten. In der Ehe ist Sex nicht nur Mittel zur Fortpflanzung, sondern ein Geschenk Gottes. Scheidung ist möglich, aber nicht wünschenswert

▶ ESSENSVORSCHRIFTEN

Eine Unmenge von Regeln bestimmt, was „koscher", also rein ist. Nicht koscher etwa ist Blut, jedes Säugetier, das kein Wiederkäuer mit gespaltenem Huf ist, und Meeresgetier ohne Schuppen und Flossen. Außerdem ist der gleichzeitige Genuss von Milch- und Fleischprodukten verboten

▶ SPIRITUELLE HANDLUNGEN

Gebete, Studium der heiligen Schriften, aber auch rituelle Bäder oder Mahle

▶ GEBOTE FÜR GLÄUBIGE

Die Zehn Gebote einhalten. Die mehreren hundert Regeln, die sich aus Tora und Talmud ergeben, befolgen

▶ FEIERTAGE (nach Mondkalender)

Die vier wichtigsten sind
Im Herbst: das Versöhnungsfest Jom Kippur
zu Erntedank: das Laubhüttenfest Sukkot
Februar/März: das fröhliche Purimfest
März/April: Pessach, mit dem man des Auszugs aus Ägypten gedenkt

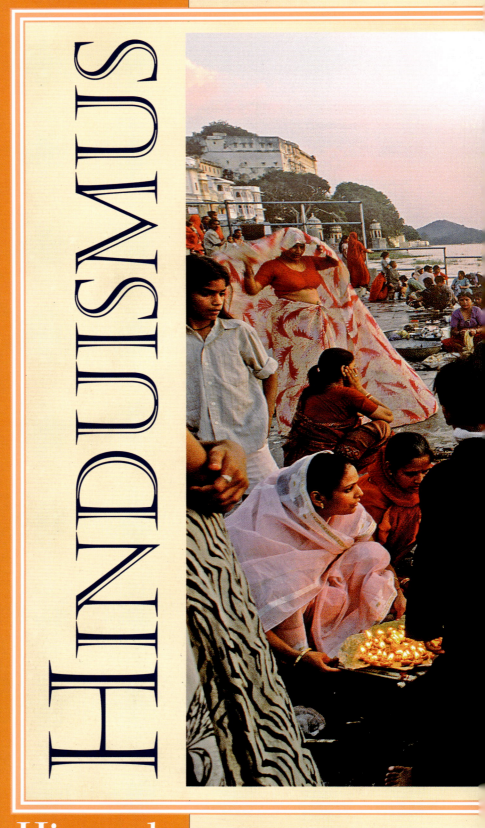

HINDUISMUS

Himmel der 1000 Götter

Zum Lichterfest Divali lassen Hindus am Pichola-See in Rajasthan Kerzen auf Lotusblättern schwimmen, um die Göttin Lakshmi zu grüßen

Stämme aus Innerasien brachten bei der Eroberung Indiens vor 3500 Jahren ihre eigenen Götter mit ins Land, ließen aber die alten Gottheiten dort in Amt und Würden. So entstand die bunteste Religion der Erde mit Göttern für jeden Zweck und Anlass. Die 900 Millionen Hindus glauben an Karma und Wiedergeburt. Mit Gleichmut ergeben sie sich in ihr Schicksal. Das garantiert die Stabilität der indischen Kastengesellschaft

»Du bist die höchste Wohnstatt dieses Alls, bist unveränderlich, du bist der Ewige, ohne Anfang, Mitte und Ende«

AUS BHAGAVADGITA, DEM GESANG DES ERHABENEN

Ein Gigant unter den Göttern

BANGALORE IN KARNATAKA, INDIEN

Der 20 Meter hohe Gott Shiva sitzt im Lotussitz vor einem künstlichen Gebirge, das den goldenen Berg Meru darstellen soll. Von seinem Haupt fließt der heilige Fluss Ganges, in zweien seiner vier Hände hält er eine Sanduhr-Trommel sowie den Dreizack, der ihn als Schöpfer, Erhalter und Zerstörer der Welt auszeichnet

Ein Bad, das die Seele von allen Verfehlungen reinigt
ALLAHABAD IN UTTAR PRADESH, INDIEN
Nackt warten Sadhus, asketische Bettelmönche, am Zusammenfluss der heiligen Ströme Ganges und Yamuna. Sie wollen ein Bad nehmen, das ihrem Glauben nach die Seele aus dem Kreislauf der Wiedergeburten erlöst. Alle zwölf Jahre, wie hier im Januar 2001, verspricht die Planetenkonstellation dafür höchste kosmische Kraft

»Sarbe bhabantu sukhino – jeder soll sich glücklich fühlen; sarbe santo niramaya – jeder soll glücklich leben«

GEBET »VON DER DUNKELHEIT BRING MICH ZUM LICHT«

Eine 60 Meter hohe Lotusknospe aus Stein
JAGANNATH-TEMPEL, PURI, INDIEN

Der filigrane Turm ist Teil einer weitläufigen Anlage mit mehr als 100 großen und kleinen Tempeln und einer gigantischen Tempelküche, deren »Erlösungsspeise« Höhepunkt eines Pilgerbesuchs ist. 10 000 Gläubige beten täglich im Allerheiligsten zu Jagannath, dem Herrn der Welt, einer Inkarnation Vishnus

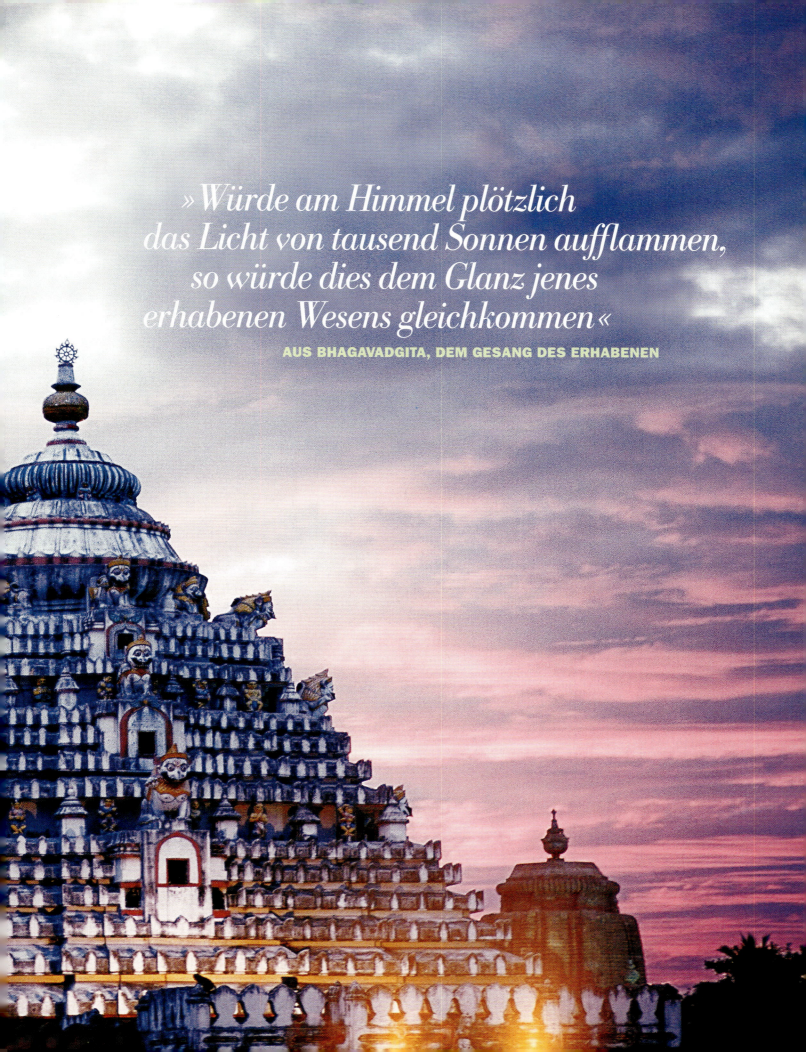

»Würde am Himmel plötzlich das Licht von tausend Sonnen aufflammen, so würde dies dem Glanz jenes erhabenen Wesens gleichkommen«

AUS BHAGAVADGITA, DEM GESANG DES ERHABENEN

»Derselbe bin ich in allen Geschöpfen; die mir in Hingabe ergeben sind, die sind in mir, und ich bin auch in ihnen«

AUS BHAGAVADGITA, DEM GESANG DES ERHABENEN

Neun Götter erweisen dem Weltenbeherrscher die Ehre
TRICHUR IN KERALA, INDIEN

Goldgeschmückte Elefanten tragen jedes Jahr im Monat Medam — nach unserem Kalender im April oder Mai — die Bilder von neun Gottheiten zu einem Shiva-Tempel im Herzen der Stadt. Das 36-stündige Versöhnungsfest ist für Gläubige aus allen Schichten offen — außergewöhnlich in der hinduistischen Kastengesellschaft

Ausflug eines Götterpaars in paradiesische Gefilde

BUCHILLUSTRATION, INDIEN, 18. JH.

Weich gebettet auf einer Lotusblüte, fliegen Vishnu, der Welterhalter, und seine Gattin Lakshmi, die Göttin der Schönheit und des Glücks, auf dem Rücken des Sonnenadlers Garuda. Das mythologische Wesen, halb Mensch, halb Vogel, trägt seine himmlischen Passagiere über eine idealisierte Welt

Woran glaubt Manabendra Moharatha? Die Frage gilt dem Raja von Banpur, 59 Jahre alt, ein stämmiger Mann mit Schnauzbart, freundlichem Lächeln und einer großen goldenen Brille, die seinem Gesicht einen leicht staunenden Ausdruck gibt. Seine Freunde nennen ihn Dulal. Er sitzt auf einem billigen Klappstuhl vor seinem Palast, blickt die staubige Dorfstraße hinunter, auf der dicke Gänse watscheln, trinkt süßen Tee in kleinen Schlucken und denkt über die Frage nach. Dann sagt er: »Ich glaube an alle Götter. Auch an die anderer Religionen. Ich habe schon in Moscheen gebetet und sogar das christliche Abendmahl probiert.«

Die Antwort ist nicht untypisch für einen Anhänger seines Glaubens. Kein Götterhimmel ist so bunt, keiner beherbergt so viele Gottheiten, keiner ist so tolerant gegenüber höheren Wesen aller Art wie der indische. Der Raja von Banpur ist Hindu. Manche sagen, Hinduismus sei keine Religion, sondern eine Lebensweise. Hindu kann man nicht werden, es gibt keine hinduistische Kirche, in die man eintreten kann. Hindu ist man durch Geburt.

Dulal wurde Hindu im Jahr 1945. Damals waren die Rajas, der Adel Indiens, noch kleine Könige, sie besaßen Juwelen, Paläste Privilegien, Land. Dies änderte sich nach der Unabhängigkeit Indiens 1947. Was ihnen an Land noch blieb, nahm ihnen 1971 die damalige Ministerpräsidentin Indira Gandhi, als der Raja ein junger Mann war, und verteilte es an die Bauern, die sie wiederwählen sollten. Die Privilegien wurden gestrichen, die Juwelen verkauft, die Paläste zu Hotels umgebaut, für Schulen gestiftet oder dem Verfall preisgegeben.

Im Fall von Banpur war es nicht besonders viel Land. Das Dorf liegt im Südosten von Orissa, einem nicht mit Reichtümern gesegneten indischen Bundesstaat am Golf von Bengalen. Die Einwohner von Banpur leben von einer Reisernte pro Jahr, sie haben ein paar Kühe, sie bauen Linsen an, Gurken, Chillies. Die Lebensverhältnisse sind bescheiden, aber nicht bedrückend. Schon die Vorfahren des Rajas gehörten nicht zu denen, die auf geschmückten weißen Elefanten ritten und Taubenei-große Smaragde am Turban trugen. Sein »Palast« ist ein einfacher, mit Lehm bestrichener Ziegelbau, das Dach aus Stroh. Drinnen sind die Polster abgewetzt, die Wände rissig. Die alte Pracht des indischen Adels, das weiße Gewand, der kostbare Turban, das goldene Schwert, ruhen rost- und mottensicher in einer Truhe.

D**och der Raja hadert nicht mit dem Schicksal. Er hat einen Sohn, der studiert, er hat ein paar Fischteiche, deren Karpfen ihm ein bescheidenes Einkommen sichern, er hat ein 20 Jahre altes Auto, dessen Motor immer noch läuft, ein Aquarium, das kontemplative Goldfische beherbergt, eine gewaltige Stereoanlage, die er wenig, und ein Handy, das er viel benutzt. Und der Raja hat seinen Glauben. Der lehrt ihn, dass jeder Hader mit dem Schicksal Torheit ist. »Wenn es Leid gibt in meinem Leben, dann wegen meines vergangenen Lebens.«

Die Lehre von Wiedergeburt und Tatfolgen (Karma) ist eine der Säulen des hinduistischen Glaubens. Sie erklärt auch, weshalb die indische Ge-

Die Göttin kommt in die kleinste Hütte
PROVINZ ORISSA, INDIEN
Hilfe suchende Dorfbewohner drängen in das bescheidene Haus von Gita Jena. Die Göttin Mangala, sagt die 30-jährige Bäuerin, fahre seit drei Jahren zweimal pro Woche in sie. In Trance hört die Mutter zweier Söhne die Probleme ihrer Besucher an, erteilt Ratschläge und verabreicht Medizin

»Gott ist nicht eine Persönlichkeit. Er ist das unbewegliche, lebendige Gesetz. Gott ist ein ewiges Prinzip«
MAHATMA GANDHI

sellschaft so ist, wie sie ist. Jede Handlung eines Menschen, so sagt diese Lehre, hat nicht nur äußere Wirkungen, sondern hinterläßt auch Spuren im Inneren des Handelnden; und diese Spuren auf seiner Seele, diese Prägung, ist eine Art Programmierung künftigen Erlebens; sie entscheidet über Glück oder Leid im nächsten Leben, in das die Seele wiedergeboren wird.

Sie, die »Lebensseele« Atman, ist das ewige, unvergängliche Selbst des Menschen, umschlossen von einem unsichtbaren, feinstofflichen Leib, der weiterlebt, wenn der Mensch stirbt. Deswegen ist die fremdeste Frage für den Raja die, ob er Angst vor dem Tod empfinde. »Nein«, sagt er verblüfft, »warum sollte ich?«

Wenn er sein jetziges Leben beendet hat, dann wird sein Sohn den Leichnam nach Puri bringen, den Wallfahrtsort am Meer, wo die mächtige Anlage des Jagannath-Tempels steht und Tag und Nacht Bestattungsfeuer lodern, weil die Verbrennung an diesem Ort das Karma des Verstorbenen verbessert; der Sohn wird Holz aufschichten, seinen Vater darauf betten und das Feuer entzünden; dann werden die Bestandteile des toten Leibes zum Kosmos zurückkehren – der Körper zur Erde, das Blut zum Wasser, der Atem zum Wind, das Sehvermögen zur Sonne, der Verstand zum Mond. Und dann, wenn die Hitze groß genug ist, wird irgendwann der Schädel des Vaters bersten und die Seele freigeben; wenn nicht, wird der Sohn ihr mit einem kleinen Beil zur Freiheit verhelfen. Hell wird sie aussehen, wenn sie seine sterbliche Hülle verlässt, hell und lichtvoll, da ist sich Dulal sicher. Denn sein gegenwärtiges Leben ist selbstlos. Der Raja dient den Menschen. Zumindest versucht er es. Wer jedoch selbstsüchtig und böse handelt, befleckt seine Seele, verdunkelt sie; er verschlechtert seine Aussichten auf eine gute Wiedergeburt und hat danach die Konsequenzen zu tragen.

Ein Fürst vor seinem strohgedeckten Palast
Der Raja von Banpur trägt aus besonderem Anlass sein traditionelles, weißes Fürstengewand mit Turban, Seidenschal und Schmuckketten

Da man dann auch als Tier oder Pflanze wiedergeboren werden kann, empfinden viele Hindus eine besondere Verantwortung und Fürsorge für die gesamte Schöpfung.

Der Raja von Banpur glaubt fest, dass sein »Karma« – das, was seine Seele mitgebracht hat in sein gegenwärtiges Dasein – bestimmend ist für dessen Zustand. Gäbe es darin Leid, wäre es töricht, darüber zu lamentieren: Es wäre nichts anderes als die Folge der Fehler seines letzten Lebens.

So wie er glauben alle Hindus, dass der gesellschaftliche Rang, in den man hineingeboren wird, Kaste und Familie, Freud und Leid, Glück und Unglück, Gesundheit und Krankheit – einfach alles – von der Bewährung im letzten Leben bestimmt sind. Jeder hat also sein Schicksal selbst verursacht, es ist nichts anderes als die Quittung des vergangenen Daseins, es gibt keinen Grund, wirtschaftliche oder soziale Ungleichheit zu beklagen. Jeder hat aber auch die Möglichkeit, sein künftiges Schicksal zu beeinflussen und für eine gute Wiedergeburt zu sorgen.

Es gibt Leid im Leben des Rajas. Undankbarkeit und Bosheit von Menschen, die es nicht würdigen, dass er dem Dorf zu einer Schule und vielen Arbeitsplätzen verholfen hat; der Tod eines Lieblingshundes, der vergiftet wurde; Gallensteine, deren schmerzhafte Folgen ihn an den Rand der Verzweiflung und deren Entfernung ihn an den Rand des Ruins trieben. Doch dieses Leid, glaubt Dulal, ist eben »karmisch« bedingt, eine alte Last seiner Seele; aber es läutert sie auch. Sie entfärbt sich von alten Verfehlungen. Deswegen ist der Raja mit sich und seiner Welt im Reinen, ein ausgeglichener Mann, heiter und zuversichtlich. Ganz besonders, was sein Leben nach dem Tod betrifft.

Kürzlich war er mit zwei Standesgenossen aus dem Raja-Geschlecht von Nilgeri zusammen, Herren über einen alten imposanten Palast, in dem früher 100 Menschen wohnten und heute die Brennesseln wachsen. Der jüngere ist Manager eines indischen Großkonzerns, der ältere nur noch Archivar der Familiengeschichte mit einem 800 Jahre zurückreichenden Stammbaum. Der jüngere glaubt zu wissen, dass er wiedergeboren wird – das irdische Leben hält ihn fest, er hat noch unerledigte Aufgaben zu erfüllen, will seine Company in die Forbes-Liste der fünfhundert weltgrößten Unternehmen bringen; der ältere, sein Onkel, lächelt sanft und halb entrückt; er ist sicher, dass er alles hinter sich lassen wird. Keine Wiedergeburt mehr, endlich das selige Ende des Kreislaufes von Leben und Tod, er habe in seiner täglichen Meditation schon das weiße Licht gesehen, mit dem seine Seele nach dem Tod verschmelzen werde.

Der Standesgenosse aus Banpur kann sich beides vorstellen. »Manchmal denke ich«, sagt er, »ich werde wiedergeboren, um meine Arbeit fortzusetzen; manchmal denke ich, ich habe genug gelitten, Gott wird mir eine Wiedergeburt ersparen«. Wen meint er, wenn er von »Gott« spricht?

Eine schwierige Frage. Der Hinduismus hat im Unterschied zu Islam, Buddhismus oder Christentum keinen Stifter und besitzt kein geschlossenes Glaubenssystem. Er kennt viele Götter. Tausende. Das hängt mit seiner Entstehungsgeschichte zusammen.

Wenn ein Mann tot ist, muss seine Frau sterben
Die Witwe eines Brahmanen wird zum Scheiterhaufen geführt. So stellte sich Europa 1838 die Witwenverbrennung in Indien vor

SIKH-KULTUR & TANTRA-TRADITION

Die einen sind berühmt für ihre Tugend im Kampf, die anderen für kosmische Sexualität

Wächter vor dem größten Heiligtum der Sikhs, dem Goldenen Tempel in Amritsar

Die Sikhs

Drei Viertel der weltweit etwa 20 Millionen Sikhs leben im Padschab, im Grenzbereich zwischen Indien und Pakistan — zwischen Hinduismus und Islam. Ihr Glaube geht auf den Religionsstifter Guru Nanak (1469-1539) zurück. Er lehrte, dass es nur einen Gott und eine Menschheit gebe, und befahl seinen Anhängern ein auf diesen Gott gerichtetes Leben zu führen, das sich durch Meditation, Tugendhaftigkeit und Großzügigkeit gegenüber Bettlern und Armen auszeichnet. Sikhs glauben, wie Hindus, an eine Wiedergeburt der Seele. Wer sein Leben aber völlig an Gott orientiert, der kann die Gnade erlangen, vom Gesetz der Wiedergeburt erlöst zu werden und unmittelbar in den Glückszustand eines ewigen Lebens in der Gegenwart Gottes einzugehen.

Nanaks Nachfolger Guru Govind Singh schuf 1699 die »Khalsa«, strikte Regeln für die Glaubensgemeinschaft der Sikhs. Deren Mitglieder verpflichten sich, Drogen, Alkohol und Tabak zu entsagen. Als Belege ihrer Gleichheit dienen fünf Zeichen: Kash (ungeschnittenes Haar), Kangha (Kamm), Kirpan (Schwert), Kara (Armband zum Schutz des Schwertarms), Kachch (knielange Hosen). Männer sollen überdies einen Turban tragen. Die Mitgliedschaft in der »Glaubensgemeinschaft« ist für jeden Sikh bis heute ein Ideal. Trotz ihrer kämpferischen Tradition sind Sikhs tolerant gegenüber anderen Religionen. Sie sind offen für deren Botschaften und haben den eigenen religiösen Weg nie für den allein selig machenden erklärt.

Die Tantra-Tradition

Tantrismus ist eine Strömung innerhalb der hinduistischen Religion, die auf den Kult der großen Muttergöttin der alten Induskultur zurückgeht. Grundgedanke ist die Einheit von Geist und Materie, Einzel- und Universal-Seele, Männlichem und Weiblichem: Alle Erscheinungsformen des Lebens sind Glieder eines ewigen Prozesses von Werden und Vergehen, in dem eine einzige große göttliche Kraft wirksam ist.

Im tantrischen Kult der sexuellen Vereinigung wird der Körper wie beim Kundalini-Yoga als Instrument zur Offenbarung dieser übernatürlichen kosmischen Kraft betrachtet. »Kundalini«, die Kraft der Göttin, ruht zusammengerollt wie eine Schlange am Ende der menschlichen Wirbelsäule. Durch die Yoga-Übungen oder durch die rituelle sexuelle Verschmelzung mit dem Partner wird die Schlangenkraft geweckt, steigt durch den Körper auf und passiert dabei sechs kosmische Zentren (Chakras), bis sie schließlich das höchste, das »Scheitelzentrum«, direkt unter der Schädeldecke erreicht; sexuelle und spirituelle Ekstase fließen ineinander, die Polarität der Geschlechter wird überwunden, die kosmische Einheit wiedererlangt.

Sie beginnt fast 1800 Jahre vor Christi Geburt, als Klimaverschiebungen dazu führten, dass weite Landstriche in Zentralasien zur Steppe wurden und deren Bewohner sich aufmachten, neues Land für sich und ihre Herden zu suchen. So kam es zur Einwanderung von arischen Stämmen in den indischen Subkontinent. Es waren kriegerische Hirtennomaden, die in mehreren Wellen in das fruchtbare Land zwischen Indus und Golf von Bengalen zogen und ihre zahlreichen Götter mitbrachten – klassische Hirten-Gottheiten mit heroischen Zügen, die in der freien Natur verehrt wurden, ohne Tempel und Götterbilder, und deren Taten in vielen Hymnen gefeiert wurden. Ab 1200 vor Christus wurden diese »Veden« (Veda = heiliges Wissen) gesammelt und in Priesterkreisen memoriert; bis heute gelten sie als wichtige göttliche Offenbarung.

Tempel als Bibel der Lüste
Erotische Bilder an heiligen Stätten waren üblich, bis der Islam und die Briten Prüderie verordneten

Die hellhäutigen arischen Eroberer stießen auf dunkelhäutige Ureinwohner, die seßhaft waren, Ackerbau trieben, Tempel besaßen und vor allem Fruchtbarkeitsgötter verehrten. In der neuen Kastengesellschaft der herrschenden Arier sanken diese Alteingesessenen zu »Shudras«, zu Knechten und Dienern, herab. Ihre Götter aber wurden weder verbannt noch verbrannt, sondern gewissermaßen adoptiert und in den Himmel der Arier mit aufgenommen; die Tempel wurden übernommen. Zu Agni, dem alten Gott des Feuers, Mitra und Varuna, den Hütern der kosmischen Ordnung, und Soma, dem Mondgott, gesellten sich jetzt neue Muttergöttinnen sowie alle möglichen heiligen Tiere, Pflanzen und Dämonen. Schon vor 3000 Jahren zeigte sich damit, was den Hinduismus bis heute kennzeichnet: Altes wird nicht aufgegeben oder gelöscht, es bleibt; Neues tritt daneben und wird integriert. Es gibt kein »Entweder-Oder«, stattdessen ein »Sowohl-als-auch«. Alle Glaubensinhalte werden wie Kinder einer Familie behandelt. Es gibt immer neue Babys, die Aufmerksamkeit beanspruchen, während die Älteren größer werden und irgendwann selbst Kinder kriegen, aber keiner wird aus der Familie verstoßen. So, als seien der christliche Gottvater und Jesus zwar zu beherrschenden Figuren des Himmels geworden, um sie herum aber tummelten sich weiter Zeus und Aphrodite, Neptun und Apollo. Und manchmal erwiesen sich die alten, eigentlich abservierten Götter auf lange Sicht sogar als die zugkräftigeren.

Doch die tendenzielle Überbevölkerung des indischen Götterhimmels, die damit eintrat, machte ihn unübersichtlich. Die Priester wurden zu unverzichtbaren Lotsen darin. Das stärkte ihre Rolle und ihren Einfluss. Nur sie, die Brahmanen, kannten sich noch aus mit den Zuständigkeiten der diversen Gottheiten und den immer komplizierteren Opferritualen, die sie angeblich verlangten. Dank ihres exklusiven Wissens, das sie nur an sorgfältig geprüfte Mitglieder der eigenen Kaste weitergaben, wurden die Brahmanen zur mächtigsten Klasse – mächtiger als die Kaste der Krieger und des Adels.

Wahrscheinlich war das der eine, sehr irdische Grund, weshalb es schließlich zu einer Reformbewegung und teilweisen Entmachtung der Priester kam. Ein anderer war theologischer Art. Es ging um eine Frage, die auch die ganzen Heerscharen der Götter des indischen Himmels nicht beantworten konnten: Woher kamen sie? Woher kam die Welt? Wie ist sie entstanden? Durch die Götter? Wer aber erschuf dann die Götter? Seiendes kann nur von Seiendem gezeugt werden. Wo also war der Beginn? Eine Antwort, welche die indischen Philosophen schließlich fanden, war die Annahme einer Art Ursubstanz alles Lebens: des Brahman. Es liegt jenseits des menschlichen Bewusstseins und Vorstellungsvermögens, es kann nicht gedacht, begriffen oder mit Sinnen erfasst werden, es ist absolut, unveränderlich, unvergänglich, eben göttlich. Es durchdringt die Welt wie Salz das Meer. Es ist nicht erkennbar, aber allgegenwärtig, in allen Göttern und auch im Menschen. Dort als der tiefste Seelengrund, Atman, der nichts als ein Ableger der göttlichen Lebenssubstanz im Menschen ist und sich am Ende aller Kreisläufe von Geburt, Tod und Wiedergeburt, gereinigt von allen Befleckungen des irdischen Daseins, wieder mit ihr vereinigen wird.

Man kann von einem »Systemwechsel« in der Religionsgeschichte Indiens sprechen – der Polytheismus wurde in der geistigen Elite vom Monismus abgelöst, die Vielfalt der Gottheiten zurückgedrängt von dem einen alles beherrschen-

Die heilige Silbe des Hinduismus
Das Zeichen OM ist Symbol des Absoluten. Es besteht aus drei Teilen, die für die körperliche, geistige und unbewusste Welt stehen. Der darüber gesetzte Punkt ist Zeichen für das höchste Bewusstsein. Der Laut OM dient als Mantra der Meditation

Ein Heiligtum zwischen Himmel und Meer
TANAH LOT AUF BALI, INDONESIEN
Auf einem Felsen an der Küste Balis erhebt sich der bekannteste Tempel der Insel. Tanah Lot bedeutet »Tempel der Erde im Meer«. Bei Flut ist der Sockel der Pagoden wellenumbrandet, die Zauber-Architektur der Anlage aus dem 16. Jahrhundert scheint zu schweben

den Prinzip des Brahman. Die alten Götter blieben, aber – so der Indologe Heinrich von Stietencron – »sie sanken zu Dienstboten einer höheren Macht herab«.

Dadurch änderte sich auch die Rolle der Priester und ihrer Opferzeremonien. Beide gab es zwar weiterhin, doch wichtiger als die Kunst, mit komplizierten Ritualen einen Gott dazu zu bringen, das zu tun, was man sich von ihm wünschte, wurde es nun, die Einheit von Brahman und Atman zu erkennen und zu erleben. Denn ihre Verschmelzung war und blieb nun das letzte Ziel allen menschlichen Daseins. Dahin führte vor allem der Weg der Meditation, die in Indien eine lange Tradition hat. Das Wort Yoga taucht schon im 6. Jahrhundert v. Chr. auf. Es bezeichnet die Konzentration aller Geisteskräfte, um zunächst einen Zustand innerer Ruhe zu finden und letztlich die Befreiung aus allen Bindungen der materiellen Welt zu erreichen. Es ist ein Weg, der nach Innen führt – weg von Götterbildern, hin in die eigene Versenkung und Vergeistigung, an deren Ende dann die Vereinigung mit dem Göttlichen steht.

Der Monismus, der damit das religiöse Denken bestimmte, war eine mehr philosophische als religiöse Weltdeutung und überaus anspruchsvoll. Zu subtil für Menschen, die Bedarf nach handfesten Göttern hatten; Göttern mit Gesichtern, Göttern, die Freund, Bruder, Vater, Mutter und Retter sein sollten. Diesen Bedarf konnte das gestalt-, geruch- und gefühllose Brahman nicht befriedigen. Schlichte Gläubige wünschten sich Bilder, Vorstellung, Eigenschaften, Bezeichnungen, kurz, personelle Götter, um richtig glauben zu können.

Religion als Unterhaltungsshow für Analphabeten
Auf einer hell erleuchteten Bühne mitten auf dem Dorfplatz von Bhatapada tragen Sänger Göttergeschichten vor

So traten schließlich aus dem bunten Göttergewimmel, das es nach wie vor gab, doch wieder einzelne Gottheiten nach vorn. Nach Brahma, dem ursprünglichen Schöpfergott, der aber nie populäre Bedeutung erlangte, sind es vor allem zwei, die um die Führungsposition im hinduistischen Götterhimmel konkurrieren. Vishnu und Shiva.

Für seine Anhänger ist Vishnu der oberste Gott, der Schöpfer und Erhalter. Er ist ein kraftvoller, aber milder Gott, der in vielen Erscheinungsformen auftritt. Am häufigsten als Gott auf der Weltenschlange ruhend, als Gemahl der Göttin des Glücks und der Schönheit Lakshmi, als König der Welt, als Herr des Paradieses. Auch unter die Irdischen begab er sich wiederholt in Menschen- und Tiergestalt, immer dann, wenn die von ihm geschaffene Ordnung der Welt (Dharma) bedroht war. Zu seinen neun Inkarnationen gibt es einen bunten Strauß von Legenden. Die populärsten ranken sich um Vishnus Inkarnation als Krishna, den sinnenfreudigen Hirtengott mit der Flöte, der alles liebt, was lecker ist; als Bub süße Milch und Butter, die er seiner Mutter stibitzt; später Jungfrauen, von denen er nicht weniger als 16.108 zu seinen Ehefrauen macht, mit denen er Tausende Kinder zeugt. Auch Buddha wird von den Hindus zu den Inkarnationen Vishnus gezählt, seiner neunten und bisher letzten. Die zehnte wird erst für das Ende unseres Zeitalters erwartet: Kalki, eine Art apokalyptischer Reiter, der alle Verderbnis unserer Epoche beenden und ein neues, reines Zeitalter eröffnen wird. Vishnu gilt als allmächtig und allgegenwärtig, er kann jede Natur und Gestalt annehmen, auch eine weibliche, er ist eins mit der universellen Kraft Maya.

Der neben Vishnu mächtigste und ebenfalls in allen Teilen Indiens verehrte Gott ist Shiva. In einem rasenden Tanz (tandava) setzt er den Lauf der Welt in Bewegung, um sie schließlich zu zerstören. Der Dreizack, den er in einer seiner vielen Hände hält, symbolisiert die drei Aspekte. Er ist der Herr des Universums und der Tiere, der große Yoga-Meister, der große Tänzer, der Gebieter über Dämonen und Gespenster. Sein Symbol ist das Lingam, der Phallus, das Zeichen beeindruckender männlicher Zeugungskraft. Shiva ist deswegen auch der Gott, der ein weibliches Gegenstück besitzt – Shakti, seine Gemahlin und Partnerin, die, von ihm befruchtet, die Potenz des Denkens, des Wünschens und des Handelns in sich vereint und damit Dinge und Wesen erschafft. Im Laufe der Jahrhunderte gewinnt die Göttin (Shakti) zunehmend an Bedeutung, wird unabhängig und löst sich teilweise von Shiva. Für ihre Anhänger ist sie die Schöpferin und Erhalterin der Welt, die Herrin über Leben und Tod.

Die Unterschiede zwischen Vishnuismus und Shivaismus sind groß. Sie haben verschiedene heilige Schriften und verschiedene Wege zur Erlösung. Manche Theologen sprechen sogar von zwei verschiedenen Religionen unter dem Dach des Hinduismus. Dennoch gibt es keine ernsthaften Konflikte zwischen ihnen. Denn die Grundvorstellungen widersprechen einander nicht.

Morgenandacht am farbenfrohen Hausaltar
Raja Dulal betet mit seinem Brahmanen im eigenen Tempel vor einem Schrein, der vom Gott Jagannath beherrscht wird

Für alle gibt es ein Weltengebäude mit vielen Etagen, unten die grobstofflichen, darüber, in feiner werdender Materie, die anderen, die sich zu immer lichteren Himmeln auftürmen; die stoffliche Welt der unteren Stockwerke wird in zyklischen Abläufen neu geschaffen und wieder zerstört; die Seelen durchwandern auf ihrem generationenlangen Weg von Geburt, Tod und Wiedergeburt die Etagen dieses Gebäudes, bis sie sich schließlich am fernen Ziel des Aufstiegs mit dem Göttlichen vereinigen. Ob sie auf ihrem Weg Shiva, Vishnu oder auch Jesus oder Allah verehren, bedeutet letztlich nicht mehr als eine Verkürzung oder Verlängerung des Weges; so als ob jemand, der zum König will, zunächst an die Kammertüren seiner Diener klopft – wobei es eben verschiedene Vorstellungen gibt, wer der König ist. Die Vorstellung eines »allein selig machenden« Rezeptes zur Erlangung des Heils ist Hindus fremd, religiöse Toleranz Bestandteil ihrer Überzeugung. Das Göttliche kann sich eben in vielen Erscheinungsformen offenbaren, in Göttern, in Religionen, in Propheten oder Gurus, ja auch in Steinen, Quellen, Bäumen. Alle sind sie nur Aspekte, Teilerscheinungen des einen großen allumfassenden göttlichen Prinzips.

Das alles weiß der Raja von Banpur. Er hat viel gelesen in den heiligen Schriften der Hindus, den Sutras und Shastras, den Leitfäden und Lehrbüchern, den Veda-Gesängen, den alten Erzählungen und großen Epen. Aber das alles ist Theologie. Dulals Glaube aber ist Alltag. Und der beginnt jeden Morgen damit, dass der Raja mit seinem persönlichen Gott spricht. Es ist Vishnu. Genauer gesagt, Jagannath, einer Erscheinungsform des großen Gottes Vishnu, die in Dulals Heimat besondere Bedeutung hat.

Die Stunde des Gespräches ist früh. Wie viele Inder steht Dulal um halb fünf auf: der Zeit zwischen Nacht und Tag, der heiligen Stunde – da sind die Götter besonders nah. In gelbem Dhoti, dem weiten Ritualgewand, geht er die paar Meter vom Palast über die Straße hinüber zum Tempel. Ein junger Brahmanen-Priester, den der Raja bezahlt, kümmert sich um den Gott. Der Priester wartet schon. Dulal lässt sich im Vorraum nieder, besprengt sich mit Wasser und beginnt seine Litanei. »Sarbe bhabantu sukhinah /sarbe santo niramayah«. Ein Gebet für alle Menschen: alle mögen glücklich sein, alle ohne Leid. Wasser und Gebete sind die äußeren und inneren Reinigungen; es gehört sich nicht, dem Gott schmutzig näher zu treten. Zugleich bringt das rituelle Gebet den Betenden in eine meditative Stimmung. Zum Abschluss legt sich der Raja flach auf den Bauch und berührt mit der Stirn den Boden. Dann tritt er vor den Tempel und betet in Richtung Sonne. Erst danach betritt er den heiligen Raum mit dem Götterbild, der für Fremde und Unreine tabu ist. Der Priester hat Jagannaths Altar rituell gereinigt und mit frischen Blüten, Blättern und Früchten geschmückt.

Jetzt betet Dulal leise und in seinen eige-

Frühlingsprozession von Dorf zu Dorf
In Dolas, traditionellen Sänften, tragen Bauern im Bundesstaat Orissa ihre Götter zu einem großen Fruchtbarkeitsfest

nen Worten. »Ich spreche mit ihm wie mit einem Vater. Manchmal auch wie mit einem Boss oder einem Freund. Aber meistens wie mit einem Vater.« Im Gespräch zwischen Sohn und Vater gibt es keine Geheimnisse; auch keine kleinen Erpressungen nach dem Prinzip des Gabentauschs: Der Gott bekommt Blüten und Früchte und schuldet dafür die Erfüllung der Bitten. »Ich kann nicht einfach sagen ›Gibt mir ein Auto!‹«, erklärt der Raja. »Ich muss ihm mein Leben offenbaren. Dann bekomme ich auch eine Antwort. Vielleicht die Erfüllung meiner Bitte.« Zum ersten Mal hat er diese Erfahrung gemacht, als er sechzehn war und seine Mutter starb. »Ich war todtraurig und völlig verzweifelt. Da habe ich zu Jagannath gebetet und ihn angefleht: Gib mir die Kraft zu ertragen, was

Heilige Kuh bei unheiligem Treiben
Eine Kuh frisst die Blütendekoration von einem Hochzeitsauto. Ehe und Kühe sind den Hindus heilig

das Schicksal bestimmt hat; was geschehen soll, wird geschehen – hilf mir, es hinzunehmen.« Jagannath half. Seitdem fühlt Dulal die Präsenz des Gottes in seinem Bewusstsein und seinem Leben.

Was ihn nicht daran hindert, sich bei Spezialproblemen an andere Spezialisten des Götterhimmels zu wenden. Als beispielsweise sein Hund vergiftet wurde, betete er zu Hanumat, dem Affengott und erfolgreichen Kämpfer gegen die Dämonen, der als bester Beschützer vor schwarzer Magie gilt.

Der Raja nutzt souverän alle Offerten, die ihm die Glaubenswelt der Hindus bietet. Dazu gehören neben den zahllosen Gottheiten des offiziellen Pantheons auch noch die vielen Dorf- und Stammesgottheiten, die für die Landbevölkerung – 80 Prozent der Inder – oft eine größere unmittelbare Bedeutung haben, leben sie doch mit und unter den Menschen. Jedes Dorf besitzt die unterschiedlichsten Schreine für die zahlreichen Gottheiten, und zum Dola-Fest im Frühjahr werden sie herausgeholt, in bunt geschmückten Sänften unter Begleitung von Trommeln und Schellen von Dorf zu Dorf und von Haus zu Haus getragen, überall begrüßt von Opfergaben, Kokosnüssen, kunstvollen Kegeln aus süßem Puffreis, Blüten und Früchten, und dann zu einem großen Treffen und langen Fest vereint. Der Raja ist sich nicht zu fein für diesen schlichten Volksglauben an die fruchtbarkeitspendende Kraft der Götter, die sich dafür, dass sie bunt geschmückt durch die Gluthitze des indischen Mittags geschleppt und mit Geschenken überhäuft werden, mit reicher Ernte bedanken sollen. »Die

105

großen Götter des Hinduismus sind im Himmel«, sagt er, »die Dorfgötter sind auf der Erde, sie leben mit den Gläubigen«.

An machen Orten übertreffen heute diese lokalen Gottheiten an Popularität bei weitem die alten Fürsten des Hindu-Himmels. In Ghatgaon hat sich ein Heiligtum der Göttin Tarini – die man in kaum einem Nachschlagewerk des Hinduismus findet – in wenigen Jahren von einem kleinen Kultplatz unter offenem Himmel zu einem imposanten Wallfahrtszentrum entwickelt, einem Ort, an dem Dreck und Demut, Prunk und Pisse, Ekstase und Kommerz scharf aufeinander prallen. Busladungsweise strömen Tag für Tag die Gläubigen zu Tarini, der Mutter- und Waldgöttin, die nicht eingesperrt werden will und deswegen in einem Tempel ohne Dach verehrt wird, bringen ihr Kokosnüsse (die dann zu Tausenden kommerziell weiterverarbeitet werden) und beten um Beistand gegen Krankheit oder Kinderlosigkeit. Die Göttin ist demokratisch. Sie kennt keine Standesunterschiede und keine Unreinen, die bis heute das Allerheiligste vieler Tempel nicht betreten dürfen. Auch Tarinis Priester sind keine Brahmanen, sondern Adivasi – Ureinwohner. Die Kaste zählt nicht, jeder darf zur Göttin; und das Volk strömt zu ihr. Denn die Göttin ist den Menschen nahe, sie besitzt eine besondere Kraft, wie viele der Dorfgötter, die häufig Blut verlangen, wenigstens das einer als Opfertier geschlachteten Ziege. Diese zweite Säule des Hinduismus – in Büchern über ihn oft vergessen oder unterschlagen – ist eine ebenso archaische wie vitale Glaubenspraxis.

Dito die dritte. Die Tradition der »lebenden Götter«. Die Herrinnen und Herren des Himmels können nämlich in die Gestalt gewöhnlicher Menschen schlüpfen und durch diese sprechen, heilen und Wunder tun. Bei Gita Jena, einer 32-jährigen Bauersfrau aus dem Nachbardorf des Rajas, geschah es vor drei Jahren. Im Dorf wurde ein Dieb gesucht, der sich aber mit schwarzer Magie geschützt hatte und seine Verfolger bewusstlos machte. Da fühlte Jena plötzlich, wie die Göttin Mangala von ihr Besitz er-

Leitfiguren der Glaubensrichtungen
Brahma, Schöpfer des Universums. Vishnu, Erschaffer und Erhalter der Welt. Shiva, Schöpfer, Erhalter und Zerstörer

griff und ihr befahl, die Ohnmächtigen mit Wasser zu besprengen. Prompt wurden die wieder lebendig und sie konnten den Dieb fangen. Seitdem kommt die Göttin zweimal pro Woche, dienstags und samstags, und vor Jenas Haus drängeln sich schon am frühen Morgen die Hilfesuchenden der Gegend. Sie spürt dann, wie ihre Brust eng wird, es kribbelt, sie zittert, bebt – dann ist die Göttin in ihr Herz eingedrungen. Dort hört sie sich die Beschwernisse der Leidenden an, die in einer dichten Traube vor dem kleinen Lehmhaus warten und nach und nach Einlass finden. Krankheiten, Kinderlosigkeit, Liebesentzug, Elend: Wann wird die seltsame Mattigkeit endlich aus dem Körper weichen? Wann die Tochter einen Mann finden? Der Ehemann wieder Geld verdienen? Zeichen von Zuneigung zeigen? Die Göttin antwortet aus dem Mund Jenas, die stoßweise spricht, mütterlich sanft, entrückt, ihre Augen nach oben gedreht, den Kopf wiegend. Gib nicht auf, sagt die Göttin, hab' Hoffnung, iss von dem Bananenbrei im Topf und nimm die göttliche Energie dabei auf, lass dich segnen, trage das Heilkraut, das ich dir gebe, auf deinem Körper, faste am Tag der Göttin, alles wird gut. Die Getrösteten danken und machen den Nächsten Platz.

Kokosprämie für himmlisches Vollkasko
Autos werden mit Blüten- und Früchteopfern dem Schutz der wilden Muttergöttin Tarini empfohlen

Auch der Raja ist unter den Hilfesuchenden. Seine Galle.

Glaubt er wirklich an die Kraft der Göttin und die Magie des Mediums? Er, der Belesene? Der die westliche Welt kennt und sogar schon in Europa war? Kennt er nicht die Erklärung, dass Menschen unter hohen, oft unlösbaren psychischen Spannungen den Ausweg daraus finden, selbst zu einem göttlichen Medium zu werden – und nebenher ihren sozialen Status deutlich zu verbessern?

Er kennt sie, aber sie beeindruckt ihn nicht. »Gott ist alles, der Mensch ist nichts«, sagt er. Warum sollte es Gott nicht gefallen, sich Jenas zu bedienen? Wenn seine Gallenbeschwerden nicht verschwinden, wird ihn das nicht irritieren. »Es gibt zwei Betrachtungsweisen. Die eine: meine Stereoanlage habe ich gekauft, mein Dach hat Gott undicht gemacht. Die andere: Gott hat dafür gesorgt, dass ich die Stereoanlage kaufen konnte, ich habe versäumt, das Dach rechtzeitig zu reparieren. Ich denke auf die zweite Weise.«

GOTT DER NASCHKATZEN

Seine Schwächen sind zutiefst menschlich, denn Ganesha ist ein Nimmersatt, aber seine Klugheit und Gerissenheit sind überirdisch

Gott mit vier Händen
Beim Lieblingsgott der Hindus herrscht stets großer Andrang

Der Gott mit dem Elefantenkopf ist einer der populärsten Götter Indiens. Er ist der Sohn von Shiva und Parvati. Über den Ursprung seines Aussehens gibt es viele Legenden. Nach einer wurde er von Parvati als persönlicher Wächter geschaffen. Shiva, nicht wissend, dass dies sein Sohn war, schlug ihm ärgerlich den Kopf ab und ersetzte den dann durch einen Elefantenkopf. Ganesha hat vier Hände und einen dicken Bauch, weil er gern nascht. Deswegen hält er in einer Hand auch eine Schüssel mit süßer Reisspeise. Als er einmal zu viel davon gegessen hatte und sein Bauch platzte, band er ihn mit einer Schlange zusammen, die er seitdem um den Hängeranzen trägt. Sein Reittier ist die Ratte, die als listig und schlau gilt. Zusammen mit ihr räumt er alle Hindernisse aus dem Weg oder überwindet sie mit der Kombination von Kraft und Schläue. Er gilt als Gott der Klugheit, des Lernens und der Politik und wird um Beistand für den Kampf gegen Widrigkeiten angerufen, für Sieg, Erfolg und Fruchtbarkeit.

Und seine moderne Kenntnis der Welt? Die Zeitungen, die er liest? Die Wissenschaften, in denen er bewandert ist und die fast alles erklären können – Krankheiten, Planetenbahnen, Kosmos. Dulal winkt ab. »Kann man die Luft sehen? Aber man spürt sie. Man braucht sie. So spüre ich, so brauche ich Gott. Wenn die Wissenschaft Leben schenken kann, will ich gerne anfangen, an sie zu glauben.«

Wissenschaft und Technik, Fernsehen und Internet – nichts hat bisher die tiefe Gläubigkeit erschüttert, mit der allein in Indien rund 842 Millionen Hindus ihrer Religion anhängen und sie leben – eine Religion, die eigentlich keine ist, eher eine Kultur vielfältiger Glaubensrichtungen. Es ist eine bunte Welt, bunt wie die schreienden Farben in ihr, Rot, Lila, Blau, Gelb, Türkis, Orange, Grün, dazwischen wilde Ornamente, Spiegel, welche die Formen und Farben brechen und vervielfältigen. Und es ist eine Welt allergrößter Toleranz. Stets wird das Gemeinsame gesehen, nie das Trennende. Der missionarische Eifer der Christen hat hier wenig bewirkt, obwohl die Prediger des Christentums die Macht der englischen Kolonialherrschaft hinter sich und das Versprechen der Beendigung des Kastensystems für sich hatten. Nur 2,34 Prozent der Inder wurden Christen.

Wo die Seele zum Himmel steigt
Wenn ein Hindu stirbt, sorgt sein Sohn für die Verbrennung des Körpers und die Befreiung der Seele. Beliebt für die Totenzeremonie ist Puri am Golf von Bengalen

Der Hinduismus prägt seine Gläubigen bis heute tief. Unübersehbar, fühlbar, spürbar ist die Kraft, welche die Menschen aus der Religion und ihren Riten beziehen. In jedem Haus steht ein kleiner Altar. Und auch die Jungen knien davor, wenn sie Probleme in der Schule oder Ärger mit der Freundin haben.

Der Raja von Banpur verbringt jeden Tag zweimal eine halbe Stunde vor seinem Götterbild. »Der Augenkontakt zu ihm, die Konzentration auf ihn, du vergisst alles andere, du wirst ruhig.« In dieser Art von Meditation, glaubt er, werden die fünf Elemente seines Körpers wieder ausbalanciert. Gott, sein bester Freund außerhalb von ihm selbst, ist dann in ihm.

Es macht Freude, mit dem Raja über seinen Glauben zu sprechen. Es gleicht dem Gespräch mit einem begeisterten Segler oder Bergsteiger über sein Hobby. Fröhlichkeit ist darin zu spüren, Zufriedenheit und Dankbarkeit. Eigentlich seltsam. Denn von Freiheit oder Vergnügen spricht Dulal nicht. Stattdessen von Pflichten. »Ich tue meine Pflicht«, sagt er, »das ist der Sinn meines Lebens. Gott gibt mir diese Pflichten auf, ich denke nicht darüber nach, ich erfülle sie.«

3000–1750 v. Chr.
Im heutigen Pakistan und in Indien existiert die Indus-Kultur

um 1500 v. Chr.
Einfall arischer Stämme aus dem persischen Raum nach Indien

1200–1000 v. Chr.
Die Sammlung der mündlich überlieferten „Veden" entsteht. Die Religion der Arier wird vorherrschende Religion. Die arischen Stämme siedeln vom Pandschab an den Ganges um

900–400 v. Chr.
Übergang von der arischen Religion zum Hinduismus

5. Jahrhundert v. Chr.
Der historische Buddha lebt und lehrt in Indien als religiöser Reformer

327–325 v. Chr.
Alexander der Große gelangt nach Nordwestindien; griechische, später römische Einflüsse in Indien

2.–6. Jh. nach Chr.
Der Hinduismus breitet sich nach Südostasien und Indonesien aus

1206
Gründung des Sultanats Delhi, der ersten dauerhaften islamischen Herrschaft in Indien

1000–1200
Der Buddhismus verliert Einfluss und Anhänger in Indien

1306–1326
Muslimische Eroberung Südindiens

1757
Sieg der Briten in Kalkutta, Ostindische Kompanie und britische Gouverneure

1858–1947
Indien ist engl. Kronkolonie

1920
Mahatma Gandhi beginnt seinen gewaltfreien Kampf gegen die Briten

1947
Indien erlangt die Unabhängigkeit, Teilung in das muslimische Pakistan und die überwiegend hinduistische Indische Union

Hinduismus im Überblick
Verbreitung, Geschichte, Lehre, Alltag

▶ **RELIGIONSSTIFTER**
Gibt es nicht. Die indische Hauptreligion entwickelte sich vor etwa 3500 Jahren aus der Verschmelzung des Glaubens arischer Eroberer Indiens mit dem religiösen Erbe der Induskultur

▶ **GOTT**
Es gibt **Tausende Götter** und unzählige göttliche Wesen

Lakshmi — Shiva — Vishnu — Hanumat

▶ **LEHRE**
Es existiert eine ewige Weltordnung **Dharma**, der sich alles unterordnet. Die Seele des Menschen durchläuft unzählige Male den Kreislauf von Leben, Tod und Wiedergeburt und wird jeweils so wiedergeboren, wie es dem **Karma**, der Summe der guten und schlechten Taten des letzten Lebens, entspricht. Mit guten Taten schraubt sie sich zur Wiedergeburt als Brahmane hoch und kann dann die Erlösung erlangen und mit der Weltseele verschmelzen

▶ **AUFNAHMERITEN**

Wer nicht von Geburt aus Hindu ist, kann nicht in den Hinduismus übertreten. In den ersten drei Kasten bekommen Jungen im Pubertätsalter die **Heilige Schnur** als Zeichen der geistigen Reife: Von nun an dürfen sie heilige Schriften studieren

▶ **TOTENRITEN**
Verstorbene werden verbrannt. Der **Sohn** muss dafür sorgen, dass der Schädel platzt und die Seele den Weg ins Freie findet

▶ **LEBEN NACH DEM TOD**
Wiedergeburt, auch als Tier oder Pflanze, bis zur Erlösung

Götterminiatur aus der Bhagav. Purana (18. Jh.)

▶ **HEILIGE SCHRIFTEN**
Älteste Sammlung sind die **Veden**, das „heilige Wissen" der Arier. Daneben gibt es umfangreiche Werke der „heiligen Überlieferung", die **Sutras** (Leitfäden), **Shastras** (Lehrbücher), **Puranas** (alte Erzählungen) sowie Tantrische Schriften und die beiden großen Epen „Mahabharata" und „Ramayana"

▶ **VERBREITUNG NACH LÄNDERN**

Land	Millionen
Bhutan	0,17
Südafrika	0,65
Großbritannien	0,9
USA	1,0
Sri Lanka	1,5
Bangladesch	16,2
Nepal	19,4
Indien	

Infografik: Maria Steffen

Anteil der Hindus (in Prozent)
über 80 | 10 bis 20 | über 5

Anteil der Hindus an der Weltbevölkerung

13,5 Hindus
86,5 andere

▶ SYMBOLE UND UTENSILIEN

Das **OM** ist die heilige Silbe des Hinduismus

Im Schlamm verwurzelt, symbolisiert die **Lotusblüte** Reinheit und die Entfaltung des Bewusstseins

Duftlampe in Form des Gottes Ganesha

Räucherstäbchen

▶ GEBOTE

Das Vergeltungsgesetz des Karma regelt, als welches Wesen bzw. in welcher Kaste man wiedergeboren wird. Jede Kaste hat eine Vielzahl von sehr unterschiedlichen Gesetzen und Regeln für die Lebensführung

▶ ROLLE DER FRAU

In der Götterwelt bilden weibliche und männliche Gottheiten ein harmonisches Ganzes. In der Menschenwelt gelten Frauen als Wesen minderer Kategorie. Eltern einer Braut müssen den Eltern des Bräutigams bis heute hohe Mitgift zahlen, Frauen können keine Priester sein und kein Totenritual vollziehen

▶ EHE UND SEX

Die Ehe ist absolut bindend. Scheidung und Wiederheirat sind in Indien erst seit 1955 erlaubt, kommen aber selten vor. Auch die ursprünglich verbotene Witwenheirat ist heute gestattet. Wichtigster Zweck der Ehe ist es, männlichen Nachwuchs auf die Welt zu bringen. Nur Söhne können nach dem Tod der Eltern das Totenritual vollziehen. Viele Hindus haben die Vorstellung, dass zurückgehaltenes Sperma sich in spirituelle Energie umwandelt. Sexuelle Abstinenz ist hoch angesehen

▶ SPIRITUELLE HANDLUNGEN

Andachten und Gebete vor dem Hausschrein oder im Tempel. Die Gottheiten erhalten **Blüten-** und Früchteopfer, **Räucherstäbchen** werden entzündet, manchmal auch Tieropfer dargebracht. Religiöse Feste und Wallfahrten spielen eine große Rolle

Kerzen auf Lotusblättern für das Lichterfest Divali

▶ ESSENSVORSCHRIFTEN

Die Arier, die vor 3500 Jahren nach Indien einwanderten, kannten keine Nahrungstabus. Doch im Laufe der religiösen Entwicklung, beeinflusst von verschiedenen Reformbewegungen, kam es zu vielen Vorschriften, die stark von der jeweiligen Kastenzugehörigkeit bestimmt sind. **Rindfleisch** ist allgemein verpönt. Ein Großteil der Hindus ist **Vegetarier**. Die Shudras (unterste Kaste) haben weniger Vorschriften

▶ KLEIDUNGSVORSCHRIFTEN

Viele Hindus tragen beim Tempelbesuch das Ritualgewand **Dhoti**, ein weites Beinkleid

▶ HEILIGTÜMER

Viele. In ganz Indien gibt es zahlreiche **Tempelanlagen**, die als bedeutende Heiligtümer und Pilgerziele gelten. Nicht-Hindus haben zu vielen keinen Zutritt. Daneben gibt es **heilige Flüsse** (Ganges), **heilige Tiere** (Kühe) und **heilige Pflanzen** wie die Tulsi-Pflanze (ocinum sanctum), eine Basilikumart

▶ FEIERTAGE (nach Mondkalender)

Mitte Januar: Wintersonnenwend-Fest (Makara Sankranti)
Februar/März: Die große Nacht des Shiva (Shivarartri); Frühlingsfest (Holi)
März/April: Geburt Ramas (Ram Navami)
Juli/August: Krishnas Sieg über die Schlange Kaliya (Nag Panchami)
August/September: Ganesha Chaturthi (Geburt Ganeshas); Krishnas Geburtstag (Janamashtami)
Oktober/November: Lichterfest zu Ehren der Göttin Lakshmi (Divali)

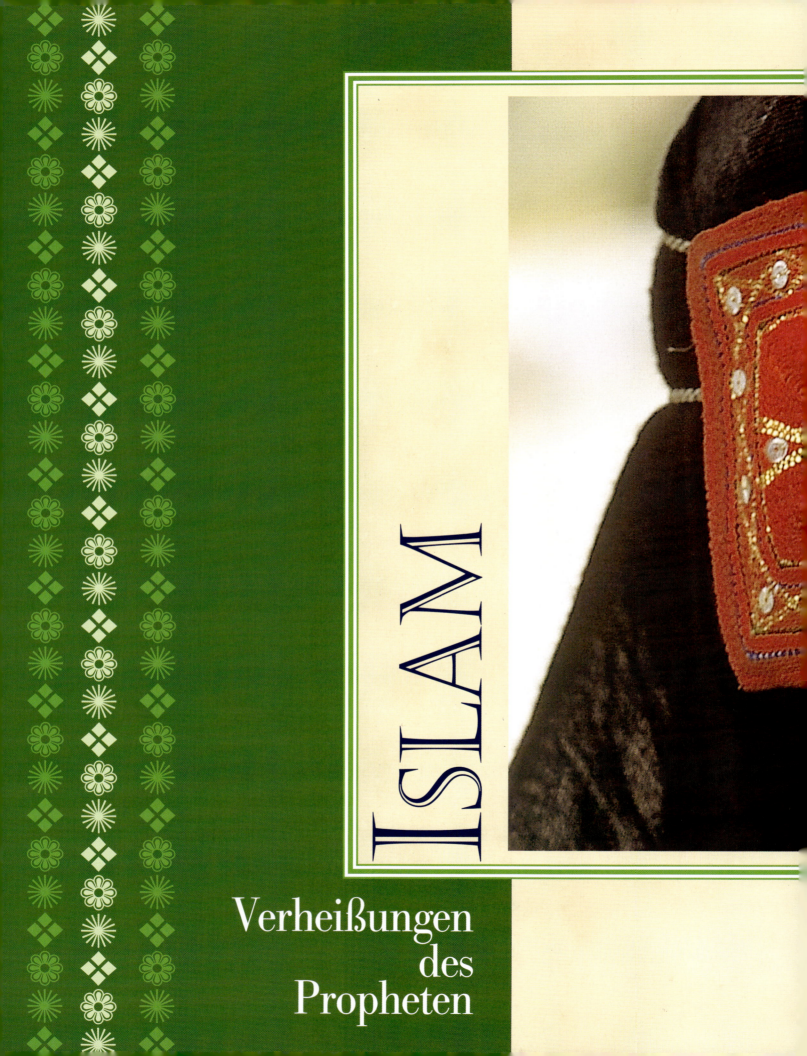

ISLAM

Verheißungen des Propheten

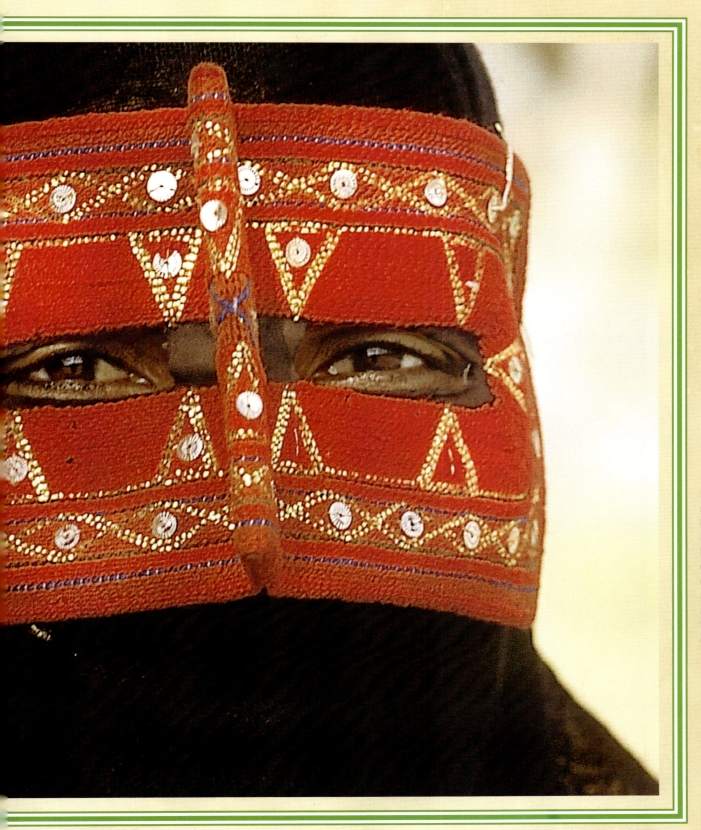

Diese iranische Frau hat eine Maske vor ihren Tschador gebunden — ein Brauch der arabischen Minderheit in diesem Land

Im siebten Jahrhundert entstand auf der arabischen Halbinsel die jüngste Weltreligion, die nur einen Gott kennt: Allah. Er offenbarte sich damals seinem Propheten Mohammed. Der Koran, die Heilige Schrift der Muslime, war das Resultat dieser Begegnung. Seine Regeln bestimmen bis heute das Leben der Gläubigen, inzwischen mehr als eine Milliarde Menschen. Denn sie gelten als ewig wahr — und geben damit zu Missverständnissen Anlass

Versammlung in Gottes Namen

AM BERG ARAFAT, SAUDI-ARABIEN

Versunken im Koran, schreitet dieser Pilger bei Mekka auf und ab. Wie die anderen männlichen Gläubigen trägt auch er ein weißes Gewand — Ausdruck dafür, dass beim Hadsch, der Pilgerreise nach Mekka, und vor Allah alle Menschen gleich sind

» Wer also beschließt, die Pilgerfahrt zu vollziehen: keine sinnliche Begierde, keine Übertretung noch irgendein Streit «

SURE 2: 197

»Allah hat die Kaaba, das unverletzliche Haus, zu einer Stütze und Erhebung für die Menschheit gemacht«

SURE 5: 98

Höhepunkt eines gläubigen Lebens

DIE KAABA IN MEKKA, SAUDI-ARABIEN

Millionen Menschen reisen im Pilgermonat Dsu-l-hidscha nach Mekka, um dort unter anderem das größte Heiligtum des Islam zu berühren: den heiligen Stein an der Kaaba, einem schwarzen Gebäude in Würfelform. Zu der Moschee hat kein Ungläubiger Zutritt

An jedem Tag fünf Gebete
PESHAWAR, PAKISTAN

Gläubige Muslime haben sich niedergekniet, den Kopf Richtung Mekka geneigt. Der Andachtsraum ist durch einen Zaun vom Rest des Gebäudes abgetrennt, eines Bürohauses der Millionenstadt. Die tiefe Verbeugung drückt absolute Demut gegenüber Allah aus. »Islam« bedeutet »Unterwerfung«

»Ich bekenne, dass es keinen Gott gibt außer Gott. Ich bekenne, dass Mohammed der Prophet Gottes ist«

TÄGLICHE GEBETSFORMEL

*»Und das irdische Leben
ist nur ein trügerischer Genuss«*

SURE 3: 186

Grabmal für die große Liebe
TAJ MAHAL, AGRA, INDIEN

Der Mogulkaiser Shah Jahan ließ das Mausoleum Mitte des 17. Jahrhunderts für seine Lieblingsfrau errichten. Das vollkommenste Bauwerk des Islam in Indien sollte Ausdruck sein für die kulturelle Überlegenheit und den Expansionsdrang der muslimischen Herrscher, die aus dem Gebiet des heutigen Afghanistan gekommen waren

»Aber sie wurden uneinig untereinander und spalteten sich in Parteien, und jede Partei freute sich über das, was sie hatte«

Sure 23: 55

Geißeln für einen Märtyrer

ASHURA-FEST, KABUL, AFGHANISTAN

Schiiten, in Afghanistan eine Minderheit, fügen sich blutige Wunden zu: am Gedenktag für den 680 im Kampf gegen Sunniten gefallenen Hussein, den Enkel Mohammeds. Es ist eine symbolische Buße dafür, dass der Märtyrer auch von vielen seiner Anhänger in der Schlacht von Kerbala im Stich gelassen wurde

Himmel- und Höllenfahrt des Propheten

ILLUSTRATION 15. JAHRHUNDERT

Geleitet von Engeln steigt Mohammed auf al-Burak, seiner Stute mit Menschenkopf, zum Himmel auf. Nach der Überlieferung begann er seine Reise in Jerusalem, genau dort, wo heute die Al-Aksa-Moschee auf dem Tempelberg steht. Nachdem er Allah im Himmel begegnet war, kehrte er auf die Erde zurück

Der Scheich trägt Jeans und ein Sporthemd. Vor ihm auf dem Tisch steht sein Laptop. Was der junge Mann elektronisch abgerufen und per Mausklick rot eingefärbt hat, projiziert er für alle sichtbar an die Wand: ein göttliches Signal, einen der mehr als 6000 Verse des Korans. Allahs ewiges Wort. Vor Mohammed Hamed sitzen an diesem stickig-heißen Abend in der El Hossary Moschee von Kairo 200 Frauen. Die meisten sind etwa so alt wie der 31-Jährige. Alle sind so gekleidet, wie es der Islam von weiblichen Gläubigen erwartet. Sie tragen Kopftuch und ein langes Gewand, das nur Gesicht und Hände freilässt. Scheich Hamed rezitiert mit seiner melodischen Baritonstimme, was in arabischer Kalligrafie an der Wand steht. Der Chor der Frauen ahmt die Worte etwas weniger melodisch nach.

Das Wort Gottes perfekt auszusprechen ist eine Kunst, die gelernt sein will. Es immer richtig zu verstehen ist nicht minder schwierig. Denn das Arabisch, in dem sich Allah seinem Propheten Mohammed vor nunmehr rund 1400 Jahren mitteilte, ist so schön wie dunkel und lässt viel Raum für Interpretation.

Eine Hand auf der Computertastatur, lotet der Lehrer Gottes Offenbarung für sein weibliches Auditorium aus. Die Frauen, die seine Koranstunden besuchen, gehören dem Kairoer Mittelstand an. Niemand hat

Eine Stunde der Unterordnung
EL HOSSARY MOSCHEE, KAIRO, ÄGYPTEN

Frauen mit Kopftüchern und Gewändern, die Arme und Beine bedecken, haben sich auf dem Fußboden vor Scheich Mohammed Hamed niedergelassen, um seinen Unterweisungen zuzuhören. Er rezitiert und erläutert den Koran für sie. Die Frauen kommen meist aus der Mittelschicht. Viele fügen sich freiwillig den Lehren des Korans und seinen Vorschriften — bis hin zur Bekleidung

»Wer von euch offenkundig unziemlicher Aufführung schuldig ist, so würde ihr die Strafe verdoppelt werden«

SURE 33: 30

sie gezwungen zu kommen. Niemand hat von ihnen verlangt, dass sie sich verhüllen und – so der Koran – »ihre Blicke zu Boden schlagen und ihre Keuschheit wahren sollen«. Die Zuhörerinnen in der El Hossary Moschee fühlen sich nicht als Opfer islamischer Frauenunterdrückung. Die meisten sind hier, weil sie das, was die westliche Welt häufig als Diskriminierung ansieht, nicht als solche empfinden.

»Schüchternheit ist ein Teil der Weiblichkeit«, sagt Heba Afifi, »und wir muslimischen Frauen wollen unsere Weiblichkeit nicht verlieren.« Die diplomierte Ägyptologin hat am Deutschen Gymnasium Kairo Abitur gemacht, spricht außerdem hervorragend Englisch, kennt die Welt und hat einen Professor für anorganische Chemie zum Vater. Einige ihrer Freundinnen tragen hautenge Jeans und knappe T-Shirts. Doch die Zahl derer, die zu Kopftuch und Koran greifen, wächst stetig. »DVD-Spieler und Jeans machen dich nicht glücklich«, sagt Heba, »der westliche Materialismus hat uns enttäuscht.« So entdeckte sie den Islam für sich. Mit den Traditionen der Religion war sie zwar aufgewachsen, hatte den Glauben aber über viele Jahre nicht bewusst gelebt.

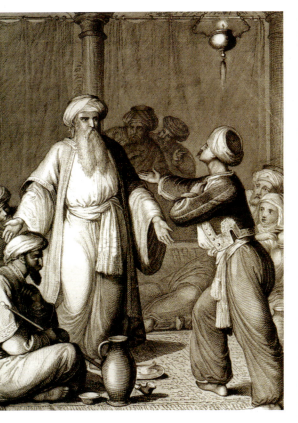

Ali tritt an seinen Vetter Mohammed heran
Diese Darstellung aus dem Zyklus »Bilder aus dem Morgen- und Abendlande« erschien 1859 in Stuttgart. Muslime würden niemals das Antlitz des Propheten darstellen

»Muslim« heißt auf Deutsch: »Einer, der sich unterwirft«. »Islam«, ganz ähnlich, bedeutet »Ergebung, Unterwerfung«. Heba ergibt sich dem Willen Allahs, des einzigen, des allbarmherzigen Gottes, der sich islamischer Auffassung nach in seiner reinsten und umfassendsten Form im Koran offenbart hat. Sprachrohr Allahs war der Prophet Mohammed. Ihm teilte sich Gott über den Engel Gabriel im Laufe von 20 Jahren in zahlreichen nächtlichen Sessions mit.

Da Mohammed Analphabet war, diktierte er diese Offenbarungen seinen Sekretären. Kurz nach dem Tod des Propheten im Jahr 632 wurden unter den ersten drei Kalifen diese Aufzeichnungen gesammelt, überarbeitet, und in 114 Einzelstücken, genannt Suren, zusammengefasst. Das heilige Buch des Islam hat also weder eine chronologische noch eine thematische Ordnung. Allah hat sich – so bezeugen viele Suren – bewusst auf Arabisch mitgeteilt. Viele Gläubige halten es daher für unzulässig, den Koran

Das Land mit den meisten Muslimen

Radikale Minderheiten trüben die Vision von einem Islam mit selbstbewussten Frauen und weltoffenen Intellektuellen

Muslimische Frauen
bei einer religiösen Zeremonie in Yogyakarta

Die größte islamische Nation der Welt liegt nicht in Arabien, sondern in Asien: das Inselreich Indonesien. Rund 184 der 212 Millionen Einwohner gehören dem Islam an. Ende des 13. Jahrhunderts war die Religion mit arabischen Händlern auf den Archipel gekommen. Bis zum 18. Jahrhundert blieb der Islam eine Religion der Eliten; das Volk praktizierte einen Mix aus animistischen, hindu-buddhistischen und lokalen Riten. Obwohl der Islam starken Einfluss auf die Politik nimmt, ist Indonesien ein säkularer Staat. Die Scharia wird nur in wenigen Kommunen angewandt, und zwar ohne körperliche Strafen.

Die 40 Millionen Mitglieder von Nahdatul Ulama, der weltweit größten Muslimorganisation, stammen überwiegend aus der Landbevölkerung Zentral- und Ostjavas und leben einen toleranten Islam. Im Gegensatz dazu vertreten die eher mittelständischen Mitglieder der mit 30 Millionen zweitgrößten Muslimorganisation Muhammadiyah einen »reinen, moralistischen« Islam. Gewalt und Terror haben Führer beider Massenorganisationen wiederholt verurteilt.

Eine Gruppe einflussreicher Intellektueller bildet das »Netzwerk Liberaler Islam«. Sie interpretieren die Lehre im gesellschaftlichen und zeitlichen Kontext, setzen sich für Religions- und Meinungsfreiheit sowie für die Gleichberechtigung der Frauen ein.

Die muslimischen Frauen in Indonesien sind trotz des vorherrschenden patriarchalischen Systems sehr aktiv. Viele kämpfen gegen Fundamentalismus, Polygamie und häusliche Gewalt. »Wir haben hier weit mehr Freiheiten als Frauen in vielen anderen islamischen Ländern«, konstatiert die muslimische Menschenrechtlerin Fitriani Kurniasih.

Fundamentalistische Gruppen sind bedeutend kleiner, aber zu allem entschlossen. Oft werden sie vom islamischen Ausland finanziell unterstützt. Nach den Terroranschlägen von Bali im Herbst 2002 wurden über 100 Mitglieder der radikal-islamischen Organisation Jamaa-Islamiya inhaftiert. Auf der Inselgruppe der Molukken schwelt seit Jahren ein Konflikt zwischen Muslimen und Christen. Auch 2004 kam es wieder zu mehrtägigen Kämpfen, bei denen 34 Menschen starben und 200 Gebäude zerstört wurden, darunter eine christliche Universität und eine Kirche.

zu übersetzen. Weil nicht mal ein Viertel aller Muslime Arabisch als Muttersprache haben, müssen etwa eine Milliarde Gläubige von Nigeria bis Indonesien Gottes ewiges Wort in fremder Sprache auswendig lernen.

Der Koran erzählt kaum Geschichten wie die Bibel. Er ist eine Sammlung von Lobpreisungen Gottes, Gleichnissen, Gesetzestexten und Gelöbnissen, Allahs Willen zu erfüllen; geschrieben in rhythmischer Prosa, voller jüdischer und christlicher Elemente. So spielen biblische Gestalten wie Abraham, Moses, Jesus und Maria auch im Koran eine wichtige Rolle. Für Muslime stellt dieser offensichtliche Rückgriff auf die beiden anderen großen monotheistischen Religionen aus Vorderasien kein Problem dar.

Allah, so ihre Sichtweise, hat sich schon vor Mohammed über andere Propheten offenbart. Diese Verlautbarungen Gottes seien aber teilweise verfälscht worden, unter anderem deshalb, weil man sie meist viel zu spät und zu ungenau niederschrieb. Juden und Christen besaßen daher schon vor dem Auftreten Mohammeds einen Teil der Wahrheit, aber eben nur einen Teil. Laut Koran war Jesus zwar ein herausragender Prophet, aber nur Mensch, nicht auch der Sohn Gottes.

Auch Juden und Christen sind also »Besitzer der Schrift«, allerdings nur Halbbrüder im Geiste Allahs. Weil der Koran Allah Wort für Wort wiedergibt, waren nach der Verkündung durch Mohammed weitere Verlautbarungen des Herrn überflüssig. Der Islam ist für Muslime der Schlussstein des Monotheismus.

Obwohl der Prophet, wie die Gläubigen Mohammed meist nennen, sterblich und irdisch war, gilt er als menschlich vollkommen, als absolutes Vorbild. Darum sind auch die Äußerungen des Propheten und Anekdoten aus seinem Leben für den Islam verbindliche Richtschnur. Sie heißen Hadith, »Erzählung«.

Eine große Anzahl der Hadith-Sammlungen genießt fast den gleichen Rang wie die Sprüche des Korans. Dabei ist in vielen Fällen zweifelhaft, ob sie wirklich auf den Propheten zurückgehen – es sei denn, man glaubt. Der zum Islam konvertierte britische Diplomat und Historiker Charles Le Gai Eaton schreibt: »Wenn ein Hadith von frommen Männern durch die Jahrhunderte akzeptiert wor-

Ein Symbol islamischer Staaten
Die Mondsichel kündigt den Beginn eines neuen Monats an. Nach dem Mondkalender richten sich die Festtage des Islam wie etwa der Beginn des Fastenmonats Ramadan

130

Heiliger Krieg in Europa
SIEG ÜBER DIE TÜRKEN BEI WIEN
Unter Herzog Karl V. von Lothringen befreien die kaiserlichen Truppen 1683 in der Schlacht am Kahlenberg Wien von der Belagerung durch das Heer der muslimischen Türken

den ist und ein Baustein in der göttlich gewollten Struktur des Islam war, dann steht es außerhalb menschlicher Kritik.«

Viele überzeugte Muslime ahmen Mohammed bis in die überlieferten Kleinigkeiten nach. Wie der Prophet sitzen sie beim Hosenanziehen, stehen beim Anlegen des Turbans und beginnen beim Nägelschneiden wie er mit dem Zeigefinger der rechten Hand. Aus dem 12. Jahrhundert ist von einem frommen Mann sogar überliefert, dass er es nie wagte, eine Melone zu essen, da er nicht herausfinden konnte, wie der Prophet sie gegessen hatte. Zertrennte er sie? Löffelte er sie aus? Kalif Abu Bakr, der direkte Nachfolger Mohammeds, gab für alle Zeiten die generelle Handlungsanleitung vor: »Ich unterlasse nichts von dem, was der Gesandte Gottes getan hat; denn ich fürchte, wenn ich es unterließe, könnte ich irregehen.«

Auch Heba Afifi sieht im Propheten den Leuchtturm ihrer Lebensführung. Sie empfindet das Regelwerk ihres Glaubens nicht als Käfig, in dem sie eingesperrt ist, sondern als Kokon, in dem sie sich geborgen fühlt. Sie rüttelt nicht an den »fünf Säulen des Islam«. Diese erst machen den

Muslim laut Mohammed zum Muslim: das Glaubensbekenntnis zu dem einzigen, ewigen, allmächtigen Gott Allah; die fünf täglichen Gebete zu ihm in Richtung Mekka, wo sein Prophet geboren ist; die Abgabe der Armensteuer »Zakat«; das Einhalten des Fastenmonats Ramadan, in dem Essen, Trinken und Sex erst nach Einbruch der Dunkelheit erlaubt sind; die Pilgerfahrt nach Mekka, die jeder Muslim, ob Frau oder Mann, einmal in seinem Leben machen muss, falls er finanziell und gesundheitlich dazu imstande ist.

Ziel der lebenslangen Anstrengungen ist das Paradies: die Nähe Allahs und die ewigen Freuden, die dort winken. Für Männer sind die himmlischen Belohnungen im Koran sehr detailliert beschrieben. Sie reichen von »Strömen geläuterten Honigs« und mit Edelsteinen »eingelegten Thronen« bis zu den berühmten »Schönen mit großen, herrlichen Augen«, deren Jungfernschaft sich ständig erneuert. Über die paradiesischen Wonnen der Frauen sagt der Koran wenig aus. Doch da vor Allah Männer und Frauen gleich sind, dürfte ihre Belohnung ähnlich sein.

Wie es dem Propheten gefällt
Während Omnea sich westlich gekleidet hat, tragen ihre Freundinnen Noha und Nahla zusätzlich ein Kopftuch. Mona hat sich für den Besuch in der Moschee ganz verschleiert

Folgt Heba Gottes Gesetzen nicht, drohen ihr nach dem Jüngsten Gericht, wenn ihr ganzes Leben als offenes Buch vor Allah liegt, die Qualen der Hölle: Kleider aus Feuer, Wasser »gleich geschmolzenem Blei, das die Gesichter verbrennt« und ihre »Eingeweide schmilzt«. Eine Pein ohne Ende: »Sooft ihre Haut gar ist vom Feuer, geben wir ihnen eine andere Haut, damit sie die Strafe schmecken.«

Fest im Glauben wie Heba sind auch ihre Freundinnen, das Geschwisterpaar Noha, Germanistik-Assistentin an der Al-Azhar-Universität, und Nahla, Studentin. Deren Vater arbeitet als Spezialist für Nierenkrankheiten, die Mutter ist Laborärztin, westlich gekleidet in teuren Kostümen. Sie habe bisher nicht die Kraft gefunden, zum Schleier zu greifen, sagt sie. Seine Generation habe zu viel Zeit verplempert mit arabischem Nationalismus, statt dem Islam zu vertrauen, sagt der Vater.

Noha, die ältere Tochter, ist verheiratet. »Wenn mein Mann und ich streiten, lesen wir den Koran. Bisher haben wir da immer eine Lösung für unsere Probleme gefunden.« Ob dabei die Männer nicht besser wegkommen? Immerhin heißt es in der berühmten Sure vier: »Und wenn ihr fürchtet, dass Frauen sich auflehnen, dann ermahnt sie, meidet sie im Ehebett und schlagt sie.« Noha protestiert. Erstens sei nicht sicher, ob das arabische Wort im Koran für »schlagen« nicht auch »strafen« heiße. Das würde die göttliche Aussage deutlich entschärfen. Zweitens gebe es genug Suren im Koran, in denen die Männer zu Gerechtigkeit, Güte und Liebe ihren Frauen gegenüber aufgerufen würden. Im Normalfall komme also kein anständiger Mann auf die Idee, seine Frau zu schlagen. Auf dem Lande, bei rückständigen Menschen, sei das vielleicht anders. »Dem Geist des Islam entspricht das nicht.«

Und die vier Ehefrauen, die Mohammed jedem Gläubigen zugesteht? Eine Konzession an vormuslimische Sitten, sagt Noha. Und ein Ausgleich für den Frauenüberschuss in den kriegerischen Frühzeiten des Islam. Da der Koran vorschreibt, dass der Mann für alle vier gleich und gut zu sorgen hat, sei heute solche Polygamie praktisch nur noch bei Ölprinzen und obskuren Sultanen zu finden.

Angestachelt durch schwülstige Haremsfantasien, galt der Islam im Westen lange Zeit als höchst lasziver Glaube. Heute lassen ihn Vorschriften wie Schleierpflicht und Zwangsheirat oder gar die Steinigung von Ehebrechern als Hort der Prüderie und Leibfeindlichkeit erscheinen. In Wirklichkeit hat der Islam die körperliche Liebe zwischen Mann und Frau von Anfang an als Gottesgabe bejaht. Er hat sie allerdings strikt auf die Ehe begrenzt.

Schon Mohammed führte ein ausgesprochen munteres Sexualleben mit zahlreichen Ehefrauen. »Wir pflegten zu sagen, dass dem Propheten die Potenz von 30 Männern gegeben ward«, ist von seinem Kampfgefährten Anas überliefert. Mohammed selbst lehrte, dass es im Himmel eine Belohnung für jede Vereinigung zwischen einem Mann und seiner Frau gebe.

Mode im Geiste Mohammeds
Eine Boutique in Kairo bietet bonbonfarbene Schleier und Gewänder an – die schicke Variante traditioneller Kleidungsvorschriften

Diese lustbetonte Sicht steht im krassen Gegensatz zur Klitorisbeschneidung in einigen Teilen der muslimischen Welt. Auf den Koran kann sich dieser barbarische Brauch nicht berufen. An keiner Stelle des heiligen Buchs findet sich auch nur eine Andeutung

133

darüber. Die Verstümmelung der Mädchen scheint unseliges afrikanisch-vorderasiatisches Erbe zu sein und existiert auch bei anderen Religionen in diesem Raum. Die bei Muslimen übliche Beschneidung der Vorhaut männlicher Kinder hat ebenfalls keine Grundlage im Koran, wird aber mit Abraham in Verbindung gebracht.

Gerade weil der Muslim Sexualität als eine überwältigende Gottesgabe versteht, »hält er es für unwahrscheinlich, dass Männer und Frauen der Versuchung widerstehen, wenn diese an sie herangetragen wird. Daher die Regeln für die Trennung der Geschlechter und für die weibliche Kleidung«, so Charles Le Gai Eaton. »In einigen Gemeinschaften wird es sogar als selbstverständlich angenommen, dass, wenn man einen Mann und eine Frau kurze Zeit allein lässt, sie so sicher zusammenkommen werden, wie ein Magnet Eisenspäne anzieht.« Das absolute Verbot von außerehelichem Liebesleben im Koran soll den Urtrieb kanalisieren. In der Praxis führt es häufig zur Verbannung der Frauen ins Haus und zu sexuellem Dauerfrust unverheirateter junger Menschen.

Mit der Renaissance beginnend, haben Aufklärung und Naturwissenschaften im Westen Schritt für Schritt die bis dahin unangetastete Autorität der christlichen Kirche demontiert, die Religion weitgehend aus dem öffentlichen Leben verdrängt und zur Privatsache gemacht. Ein ähnlicher Prozess hat in der islamischen Welt nie stattgefunden. Mit wenigen Ausnahmen wie etwa der Türkei, reformiert von Kemal Atatürk nach dem Ende des Ersten Weltkriegs, gibt es weder eine Trennung zwischen privat und öffentlich noch zwischen Diesseits und Jenseits. Allahs Wort gilt für Himmel und Erde.

Die nunmehr fast 1400 Jahre alten göttlichen Eingebungen Mohammeds öffnen dem Gläubigen nicht nur die Pforten zum Paradies. Sie bestimmen ebenso, dass er, ganz irdisch, etwa Schweinefleisch und Alkohol zu meiden oder Ehebrecher zu töten hat (falls das Delikt von vier Zeugen beschworen wird).

Da Gott im Himmel unendlich groß und weit jenseits unseres Auffassungsvermögens ist, dient der Mensch seinem Herrn am besten, wenn er gerade hier auf Erden die ihm verständlichen

Wie der Prophet es gelehrt hat
Auf einem Feld südlich von Kairo haben vier Bauern ihren Teppich ausgerollt und verrichten das Mittagsgebet

göttlichen Gebote genauestens befolgt. So die Einstellung der Muslime, ganz ähnlich der von Juden gegenüber den Vorschriften der Tora. Gottes Gebote sind zeitlos, so ewig und unverrückbar wie er selbst. Und sie widersprechen nach islamischer Auffassung in keiner Weise den Erkenntnissen der modernen Wissenschaft.

Das Christentum – voran der katholische Klerus – hat Jahrhunderte gegen jene naturwissenschaftlichen Erkenntnisse gekämpft, die zentrale Aussagen der Kirche widerlegten, so die Auffassung, die Erde stünde im Zentrum des Kosmos. Es hat den Kampf verloren und damit auch als universale Autorität abgedankt. Nicht so der Islam. Er brauchte diese Auseinandersetzung nicht zu führen. Denn die Aussagen des Korans stehen fast nie im Gegensatz zur Wissenschaft. Die Schilderung über die Erschaffung der Welt etwa ist so allgemein gehalten, dass sie nicht mit modernen Erkenntnissen kollidiert. Das gilt auch für andere Ereignisse, die sowohl im Koran wie auch in der Bibel erwähnt werden, etwa die Sintflut.

Für den Gang zur Moschee fein gemacht
Die Familie von Shahat Mohammadi Mohammed auf dem Weg zur Moschee. Zum Mittagsgebet legen die Männer weiße Gewänder an

Im Alten Testament besteigt Noah mit seiner Familie das von ihm gebaute Schiff, bevor der Rest der Menschheit in den Fluten umkommt. Auch im Koran rettet sich Noah, indem er in die Arche steigt. Doch ertrinken nur einige Ungläubige. Die Menschheit wird in dieser Version nicht ausgelöscht. Das entspricht den historischen Erkenntnissen. Denn zu der Zeit, als Noah nach der Bibel gelebt hat, existierten Hochkulturen wie das altägyptische und das altchinesische Reich, die nie in einer Katastrophe zugrunde gingen.

Islamische Theologen sind sogar der Überzeugung, ihr heiliges Buch offenbare Errungenschaften, die in den Tagen des Propheten noch unvorstellbar waren. Sie werten das als Beweis für die zeitlose Gültigkeit und den überirdischen Ursprung des Korans. Im folgenden Vers etwa sehen islamische Gelehrte einen Verweis auf die erst 1300 Jahre später beginnende Raumfahrt: »Volk der Dschinnen (Geister) und der Menschen, wenn ihr zur Gegenseite der Regionen des Himmels und der Erde durchstoßen könnt, so stoßt durch. Aber ihr werdet nicht durchstoßen, außer mit einer Macht« (Sure 55: 33).

135

Wissenschaft und Religion seien im Islam absolut kein Gegensatz, sagt die Laborärztin Dr. Azza Badr. Mohammed habe bei seinen Anhängern die Suche nach Wissen ausdrücklich angemahnt. Zu diesem Zweck habe Allah den Menschen ihren Intellekt gegeben. Die Ärztin mit Kopftuch zitiert den großen arabischen Gelehrten Ibn Rushd, im Abendland als Averroes bekannt: »Wer studiert, vergrößert seinen Glauben in die Allmacht und Einheit Allahs.«

Forschung mit dem Segen Allahs
Die Ärztin Azza Badr unterbricht täglich mehrfach ihre Forschung in einem Kairoer Labor, um die Gebetszeiten einzuhalten

Gilt dieser Satz, der im Mittelalter arabische Astronomie, Mathematik und Medizin in der damals bekannten Welt führend gemacht hat, auch heute noch? Natürlich, sagt Dr. Badr. Sie steht in ihrem Kairoer Labor vor einer modernen Hochgeschwindigkeitszentrifuge. An der Wand hängen drei Koransprüche, ein Foto des von der israelischen Armee ermordeten Hamas-Führers Scheich Jassin und ein Schaubild über die Hormone im menschlichen Körper.

Unter der Zentrifuge liegt sauber zusammengefaltet der Gebetsteppich, auf dem die Ärztin die Anrufungen Allahs vornimmt. Den Rückstand der muslimischen Welt in der modernen Forschung sieht sie als Folge von Korruption und geistiger Verknöcherung in den Jahrhunderten türkischer Herrschaft und als Abwehrreaktion auf Europas Kolonialherren. »Da sind die Muslime vom rechten Weg, dem Weg des Wissens, abgewichen.«

Zwei Autostunden südlich von Kairo liegt zwischen Dattelpalmen und Auberginenfeldern das große Dorf Mesheref. Hier empfängt uns in seinem Haus Shahat Mohammadi Mohammed, ein Angestellter des Chemischen Instituts der Al-Azhar-Universität. Aus einem Cassettenrecorder tönt der melodische Singsang einer Koran-Rezitation. Er wird das gesamte Festmahl begleiten, das die Familie auftischt. Gastfreundschaft ist eine Grundtugend des Islam.

Shahats Familie hat fünf Kinder: drei Töchter, zwei Söhne. Mohammed, der jüngere, möchte Pilot werden. Ahmed, der ältere, studiert Koranwissenschaft. Das kostenlose Studium dauert vier Jahre. Wenn Ahmed fertig ist, kann er sich seine Moschee wahrscheinlich aussuchen. Denn Imame, Glaubenslehrer, werden in Ägypten vom Staat bezahlt, erbärmlich niedrig, weshalb es an Nachwuchs mangelt. Der Islam, auch das eine Parallele zum Judentum, kennt keine institutionalisierte Hierarchie, die über den Laien steht. Die spirituellen Lehrer und Berater der Gläubigen sind daher nie in der Lage gewesen, ein lukratives Pfründensystem aufzubauen wie etwa die katholische Geistlichkeit. Gleichwohl haben in der Geschichte immer wieder Glaubensgemeinschaften über religiöse Stiftungen erhebliche Reichtümer angesammelt, die ihnen entsprechenden politischen Einfluss sicherten. Im 20. Jahrhundert sind diese Stiftungen in vielen Ländern unter staatliche Kontrolle gefallen.

Zurzeit tüftelt Ahmed an seiner Magisterarbeit, einer Koraninterpretation: »Wie die Kinder ihre Eltern behandeln sollen«. Gut sollen sie die behandeln, natürlich, vor allem die Mütter. Mohammed hat das oft betont. Besonders innovativ scheint das Thema also nicht zu sein – nach mehr als tausend Jahren Koran-Auslegung. Ob sein Studium noch anderes umfasse als die Lehre vom heiligen Buch? Ahmed zögert. Die Beschäftigung mit der Schrift der Schriften sei sehr zeitraubend.

Bedeutet die Suche nach mehr Wissen im Islam die Suche nach Wissen aus jeder Quelle und in jeder Richtung? Oder ist solche Forschung unnütz, weil sie nur vom Studium des Korans ablenkt, in dem schon alles steht, was für den Muslim wichtig ist? Legionen junger Menschen, die in den Koranschulen von Mauretanien bis Indonesien über das heilige Buch gebeugt sitzen, könnten diesen Eindruck erwecken. Fast jeder fünfte Mensch auf Erden bekennt sich heute zum Islam. Aber nur jeder hundertste Wissenschaftler ist Muslim.

Das zentrale Ereignis der Woche
Vor allem an Freitagen drängen die Menschen zu Ansprache und Gebet so wie hier vor der Hossein-Moschee in Kairo

Während Ahmed das traditionelle lange weiße Hemd für das Mittagsgebet in der Moschee überstreift, kommen wir auf das zu sprechen, was heute den Westen am Islam so verstört: Selbstmordattentäter, Terrorangriffe, Heiliger Krieg. »Wenn Bin Laden hinter den Anschlägen vom 11. September steckt, dann hat das, was er und die Attentäter angerichtet haben, mit dem wahren Islam nichts zu tun«, sagt der angehende Imam ausweichend. Eine Ansicht, die von einem Großteil der muslimischen Welt geteilt wird.

SONDERWEG DER SCHIITEN

Abschied von Khomeini
Iranische Schiiten 1989 an der Bahre ihres Revolutionsführers

Nach einem tödlichen Machtkampf vor rund 1300 Jahren spaltete sich eine Minderheit von der muslimischen Gemeinde ab: die Schiiten

Etwa ein Zehntel aller Muslime, rund 110 Millionen, sind Schiiten. Sie sind vor allem im Iran, im Irak und im Libanon zu Hause. Die Bezeichnung Schiiten leitet sich ab von dem Begriff »schi at ali«, Anhänger des Ali. Jener Ali, ein Vetter und Schwiegersohn des Propheten Mohammed, wurde 656 n. Chr. zum neuen Führer des Islam gewählt, als Nachfolger des ermordeten dritten Kalifen. Eine starke oppositionelle Gruppe setzte jedoch Muhawija als Kalifen durch. Ali wurde vor der Moschee von Kufa im heutigen Irak ermordet. 680 fiel auch sein Sohn Hussein in einer Schlacht gegen die Parteigänger des neuen Kalifen.

Die Anhänger Alis erkannten Muhawija und seine Nachfolger nicht an. Für sie waren und sind nur Alis direkte Nachkommen ihre rechtmäßigen Leiter, die Imame genannt werden. Bis heute sind diese, anders als bei den Sunniten, die durch den Propheten legitimierten Führer der Gemeinschaft. Die »Anhänger des Ali« spalteten sich im 7. Jahrhundert von der islamischen Mehrheit ab, die sich in der Folge als Sunniten bezeichnete (sunna = Brauch). Der Mohammed-Enkel Hussein genießt höchste Verehrung. Sein Grab im irakischen Kerbala ist wichtigster Wallfahrtsort der Schiiten. An Ashura, dem Todestag Husseins, finden blutige Selbstgeißelungen statt – aus Trauer und Reue über das historische Versäumnis der Schiiten, die ihren rechtmäßigen Führer im Jahr 680 schmählich im Stich gelassen hatten.

Die Führung der Kairoer Al-Azhar-Universität, einer der angesehensten Glaubens-Autoritäten des Islam, stellte 2002 fest: »Wir sind nicht damit einverstanden, dass sich jemand inmitten unschuldiger Menschen in die Luft sprengt.« Auch in der weit verbreiteten Broschüre »Warum Islam?«, veröffentlicht von einem religiösen Verlag in Kairo, heißt es: »Fundamentalismus, falls er Extremismus, Terrorismus oder Unterdrückung bedeutet, hat keinen Platz im Islam, der die Religion des Friedens und des Gehorsams den Gesetzen Allahs gegenüber ist.«

Der Anstand muss gewahrt bleiben
Die Mädchen dieses Sportvereins in Kairo tragen zum Volleyballspiel auch bei Hitze lange Hosen, einige auch Kopftuch

Nur einen Absatz darüber aber steht geschrieben: »Gewalt kann benutzt werden als Mittel der Verteidigung oder um göttlichen Gesetzen Geltung zu verschaffen.« Selbstmord ist laut Koran verboten, ungerechte Kriege sind es ebenfalls. Märtyrern für den Glauben aber winke das Paradies mit seinen Freuden. Und den Islam gegen seine Feinde zu verteidigen ist eine der Grundpflichten jedes Muslims. Nur, wo hört der Selbstmörder auf und fängt der Märtyrer an? Wann wird aus dem ungerechten Krieg ein gerechter, der Dschihad?

Der Islam kennt anders als das Christentum keine höchste Lehrautorität, keinen Oberhirten, der in einem Dogma oder einer Enzyklika verbindlich erklärt, was richtig ist. Es gibt nur religiöse Rechtsschulen wie die Al-Azhar-Universität in Kairo, deren Gelehrte so genannte Fatwa, Rechtsgutachten, abgeben. Doch diese Aussagen sind nicht bindend. Verschiedene Gelehrte geben oft völlig entgegengesetzte Antworten.

Im Koran finden sich klare Worte – für und gegen einen aggressiven Islam. »O ihr Menschen, wir haben euch von einem Mann und einer Frau erschaffen und euch in Völker und Stämme eingeteilt, damit ihr liebevoll einander kennen mögt.« Aber auch: »Tötet die Heiden, wo immer ihr sie findet, greift sie, umzingelt sie und lauert ihnen überall auf.« Diese Zitate seien aus dem Zusammenhang gerissen, sagt die Ägyptologin Heba Afifi in ihrer sanften Art. Sie reflektierten eine ganz bestimmte historische Situation, als die Heerscharen des Propheten in einem Kampf auf Leben und Tod mit den umliegenden Völkern verstrickt waren. Grundsätzlich sei der Islam eine Religion der Toleranz, wie die gute Behandlung von Christen und Juden im Lauf der Geschichte gezeigt habe.

»Ihr habt euren Weg, wir haben unseren«, wirft Ahmed ein, »wir haben keinen Hass auf den Westen, wir wenden uns nur gegen die amerikanische Aggression in Irak und Palästina.« Dschihad bedeute ja viel mehr als »Heiliger Krieg«, wie der Begriff permanent falsch übersetzt werde. Wörtlich stehe er für »Anstrengung, Bemühung«. Dschihad ist demnach in erster Linie der Kampf gegen innere Zügellosigkeit. Genauer ausgedrückt: »das angestrengte Bemühen des Ichs, seine Seele rein zu halten, also den Willen zu kontrollieren, die Selbstsucht zu bekämpfen und sich schlechte Taten und Eigenschaften abzugewöhnen«, schreibt der türkische Islamgelehrte Kemaleddin Senocak.

Wir sitzen noch einmal bei Scheich Mohammed Hamed in der El Hossary Moschee. Vor ihm auf dem Tisch liegen zwei Handys, die fast pausenlos klingeln. Das zerstückelt unser Gespräch über Demokratie und Islam ein wenig. Natürlich seien Koran und Demokratie vereinbar, schließlich sei ja der Islam in sich egalitär. Nur, welche Art von Demokratie gesteht der Koran zu? Die liberale westliche, in der etwa Atheisten öffentlich äußern dürfen, dass es keinen Gott gibt, in der Homosexuelle sich nicht verstecken müssen und Frauen und Männer schlafen können, mit wem sie wollen, falls es ihr Gewissen zulässt? Oder eine Gesellschaft mit dem Koran als unveränderbarem Grundgesetz, das nach den Vorschriften der Scharia für Diebstahl die Amputation der Hand vorsieht (wenn auch nur in schweren Fällen) und wo der öffentliche Abfall vom Glauben zumindest zu gesellschaftlicher Ächtung führt? Eine Antwort darauf bleibt Scheich Mohammed Hamed schuldig.

Schwülstiger Traum vom Orient
Eine weiße Haremssklavin, eine Odaliske, mit Diener im Harem: So wie auf diesem französischen Gemälde von Jean Auguste Dominique Ingres stellten sich Europäer das Leben muslimischer Herrscher vor

Die Vertreter der reinen Lehre sind eindeutig. Der Fundamentalist Senocak sagt: »Ein Staatssystem außerhalb der Prinzipien der islamischen Religion ist Despotismus und als solches nicht zu legitimieren. Eine Politik, die der Richtschnur der Religion nicht folgt, artet in Barbarei aus.« Selbst ein liberaler Muslim wie der iranische, in den USA lebende Universitätsdozent Ali R. Abootalebi stellt fest: »Eine islamische Demokratie wird nicht alle säkularen Werte übernehmen, die im Westen gelten.«

Atheisten etwa werden es wohl in jeder muslimischen Nation schwer haben. So sind nach einer Umfrage von 2003 zwar 90 Prozent der Ägypter und Iraner für freie Wahlen, doch meinen in beiden Staaten mehr als 80 Prozent, »dass Politiker, die nicht an Gott glauben, für ein öffentliches Amt ungeeignet sind«. Und erst recht unvorstellbar ist, dass etwa Homosexuelle dort so unbehelligt leben könnten wie in Europa oder in den USA. 99 Prozent der Ägypter, 94 Prozent der Iraner und 84 Prozent der Bewohner von Bangladesch halten Homosexualität für »absolut unakzeptabel«.

Mohammeds zornige Enkel
Indische Muslime verbrennen eine Puppe des in ihrem Land geborenen Autors Salman Rushdie, der mit seinen Büchern Gotteslästerung begangen haben soll

Umfragen dieser Art hätten im christlichen Abendland in der Epoche, in der die katholische Kirche noch das Sagen hatte, wohl zu ähnlichen Ergebnissen geführt. Es bedurfte der Ideen der Aufklärung und des Aufstands der Bürger gegen die absolutistischen Herrscher wie in der Französischen Revolution. Erst danach wurden die Gebote der Kirche als bindende Regeln außer Kraft gesetzt, traten liberale Grundsätze an deren Stelle. Doch dort, wo der Islam die vorherrschende Religion ist, hat es einen solchen Umbruch nie gegeben.

Im Islam gelten die göttlichen Normen in der Gesellschaft und im Bewusstsein der Menschen noch immer als verbindlich. Sie sind auch die geistigen Fundamente islamischer Staaten. Niemand vermag heute die Frage zu beantworten, ob der Islam jemals so viel Freiraum gewähren wird, dass auch dort jeder nach seiner Fasson selig werden darf.

um 570 nach Christus
Der Prophet Mohammed wird in Mekka geboren

ab 610
Mohammed empfängt durch den Engel Gabriel Offenbarungen

632
Mohammed stirbt in Medina

um 650
Die Offenbarungen Gottes werden im Koran zusammengefasst

634–644
Kalif Omar, ein Nachfolger Mohammeds, erobert die Arabische Halbinsel, später auch Jerusalem, Syrien, Persien und Ägypten

um 660
Spaltung des Islam in Sunniten und Schiiten

um 750
Nach der Eroberung Nordafrikas und Spaniens erreicht das islamische Kalifenreich seine größte Ausdehnung

9.–13. Jahrhundert
Blüte der islamischen Wissenschaft

1099
Eroberung Jerusalems im Ersten Kreuzzug gegen den Islam

1291
Die letzten christlichen Ritter werden aus Palästina vertrieben

ab 1300
Aufstieg der Türken zur islamischen Vormacht

1453
Mehmed II. erobert Konstantinopel

1492
Ende der islamischen Herrschaft in Spanien

ab 1526
Muslimische Mogul-Kaiser erobern fast ganz Indien

1683
Die Türken stehen vor Wien

1928
Gründung der Muslimbruderschaft in Kairo – Beginn des modernen islamischen Fundamentalismus

1979
Der Iran wird zur ersten islamischen Theokratie der Geschichte

Islam im Überblick
Verbreitung, Geschichte, Lehre, Alltag

Mohammed in der Höhle von Hira, wo ihm auf einer Stoffrolle Teile des Korans offenbart wurden

▶ **RELIGIONSSTIFTER**
Gibt es nicht. **Mohammed** hat zwar als letzter und wichtigster **Prophet** den Menschen Allahs Offenbarungen im **Koran** übermittelt und erläutert, doch den Islam hat Gott selbst gestiftet

▶ **GOTT**
Allah, der muslimische Begriff für Gott, ist einzig, ewig und allmächtig. Er ist so groß, dass der menschliche Geist sich ihn nicht vorstellen kann. Deshalb sind auch bildliche Darstellungen von ihm verboten

▶ **RELIGIÖSES OBERHAUPT**
Gibt es nicht. Jeder Mensch ist vor Gott unmittelbar verantwortlich

▶ **PRIESTER**
Gibt es nicht. **Mullahs und Imame** sind gelehrte Ausleger des Korans. Ihre Aussagen sind nicht bindend, werden jedoch meist befolgt

▶ **LEHRE**
Islam bedeutet wörtlich **Unterwerfung**. Wer sich Allahs Willen, wie er im Koran und der Sunna festgeschrieben ist, bedingungslos unterwirft, wird von ihm im Paradies mit seiner Nähe und ewigen Freuden belohnt

▶ **HEILIGE SCHRIFTEN**
Der Koran, Gottes Offenbarungen an Mohammed in 114 Kapiteln, **Suren** genannt. Für Muslime ebenfalls verbindlich ist die **Sunna**, der vorbildliche Weg des Propheten, schriftlich niedergelegt in den Sammlungen des „Hadith" (überlieferte Äußerungen von Mohammed und engen Vertrauten über das Leben des Propheten)

▶ **AUFNAHMERITEN**
Keine. Wer bekennt, dass er an Allah glaubt und die Lehren Mohammeds befolgt, ist Muslim. Allerdings ist Austritt aus dem Islam nicht möglich. Früher stand auf Abfall vom Glauben die Todesstrafe. Die **Beschneidung** männlicher Kinder ist allgemein üblich, aber keine religiöse Vorschrift

Allah, der Name Gottes, geschrieben in eine Kachel

MUSLIME IN EUROPA		PROZENT
Frankreich ▶	6 000 000	10,0
Deutschland ▶	3 200 000	3,9
Großbritannien ▶	2 000 000	3,4
Niederlande ▶	900 000	5,6
Belgien ▶	380 000	3,7
Griechenland ▶	380 000	3,6
Österreich ▶	340 000	4,2

*Anteil an der Gesamtbevölkerung

▶ **GRÖSSTE MUSLIMISCHE LÄNDER**

Marokko	29,4 Millionen (99*)
Äthiopien	30,3 (45)
Algerien	31,3 (100)
Ägypten	56,4 (85)
Nigeria	59,8 (45)
Iran	64,9 (99)
Türkei	69,3 (99)
Bangladesch	118,3
Pakistan	
Indonesien	

* Länder mit Islam als dominierender Religion

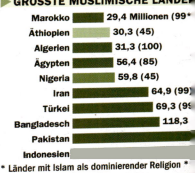

Infografik: Maria Steffen

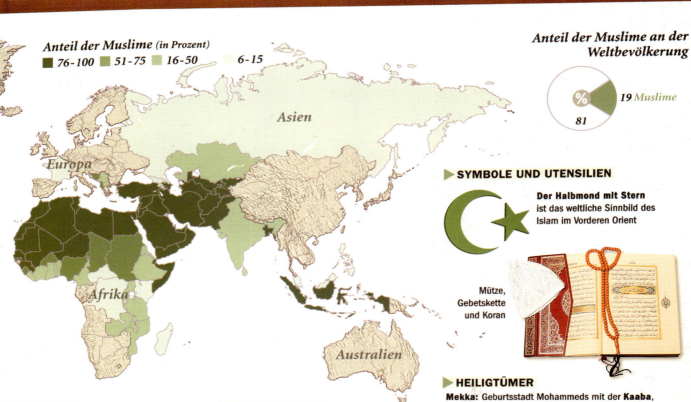

Anteil der Muslime (in Prozent)
- 76-100
- 51-75
- 16-50
- 6-15

Anteil der Muslime an der Weltbevölkerung

19 Muslime / 81 %

SYMBOLE UND UTENSILIEN

Der Halbmond mit Stern ist das weltliche Sinnbild des Islam im Vorderen Orient

Mütze, Gebetskette und Koran

TOTENRITEN

Ein Verstorbener muss umgehend bestattet werden. Der Leichnam wird in weiße Tücher gehüllt zum Friedhof getragen und mit dem **Gesicht Richtung Mekka** begraben. Särge sind nicht gebräuchlich. Aufwendiger Grabschmuck ist verpönt

LEBEN NACH DEM TOD

Wer von Allah belohnt wird, kommt nach dem Tod ins **Paradies**. Wer wegen Unglauben oder irdischer Verfehlungen bestraft wird, kommt in die Hölle. Das Paradies ist ein ewiger Zustand des Friedens und der Freuden, die zum Teil sehr irdisch sind: murmelnde Bäche, Früchte, großäugige Jungfrauen. Die Hölle ist ein Ort unaufhörlicher Pein und ewigen Feuers

GEBOTE FÜR GLÄUBIGE

Befolgung der **Fünf Säulen des Islam**: Glaubensbekenntnis zu Allah, dem einzigen Gott, und Mohammed, seinem Propheten, fünf tägliche Pflichtgebete, Fasten im Ramadan, Entrichtung der Armensteuer „Zakat" und einmal im Leben eine Pilgerfahrt nach Mekka. Hinzu kommt die Pflicht zum Dschihad, dem Kampf gegen eigene Schwächen und Ungläubige, die den Islam angreifen

144,9 (100)
184,0 Millionen Muslime (86,9)
er Gesamtbevölkerung in Prozent

ROLLE DER FRAU

Vor Allah sind Männer und Frauen gleich. Auf Erden hat die Frau, deren Bereich das Haus ist, dem Mann zu **gehorchen**, der sie sogar züchtigen darf. Die Beschneidung von Mädchen ist keine Vorschrift des Islam. Das Zeugnis einer Frau ist laut Koran vor Gericht nur die Hälfte der Aussage eines Mannes wert, Frauen erben auch nur halb so viel wie ein Mann

EHE UND SEX

Sex in der Ehe ist ein **gottgefälliges Werk**. Außerhalb der Ehe ist Sex absolut verboten. Der Islam erlaubt vier Frauen, jedoch nur unter der Bedingung, dass alle gleich gut behandelt werden. Frauen dürfen nur einen Mann haben. Scheidung ist für Männer einfach, für Frauen möglich, aber mit wirtschaftlichen Nachteilen verbunden

FEIERTAGE

Freitag: wöchentlicher Feiertag mit gemeinsamem Gebet in der Moschee

Fest des Fastenbrechens: am Ende des Fastenmonats Ramadan

Opferfest: im Monat Dsu-l-hidscha, in den Tagen der Wallfahrt nach Mekka

Die Daten weiterer Feste, wie etwa der Geburtstag Mohammeds, sind umstritten

HEILIGTÜMER

Mekka: Geburtsstadt Mohammeds mit der **Kaaba**, dem ältesten islamischen Gebetshaus
Medina: Begräbnisort Mohammeds
Jerusalem: arabisch „Al Quds", die Heilige – Ort der Himmelfahrt Mohammeds

SPIRITUELLE HANDLUNGEN

Gebete (fünf sind tägliche Pflicht), Fasten im Monat Ramadan, Studium des Koran, Pilgerreise

KLEIDUNGSVORSCHRIFTEN

Kleidung darf nicht körperbetont sein. Männer müssen von der Hüfte bis zum Knie bekleidet sein. Für Frauen schreibt der Koran das **Bedecken** des Kopfes und das **Verhüllen** des Ausschnitts vor. Vielerorts gilt heute, dass bei Frauen nur Gesicht und Hände sichtbar sein dürfen. Die Burka (in Afghanistan) oder der Tschador (im Iran) sind regionale Besonderheiten

ESSENSVORSCHRIFTEN

Verboten ist **Schweinefleisch**. Tiere, deren Fleisch erlaubt ist, müssen so geschlachtet werden, dass sie vollständig ausbluten. **Alkohol** ist untersagt. Traditionell wird grundsätzlich nur mit der rechten Hand gegessen

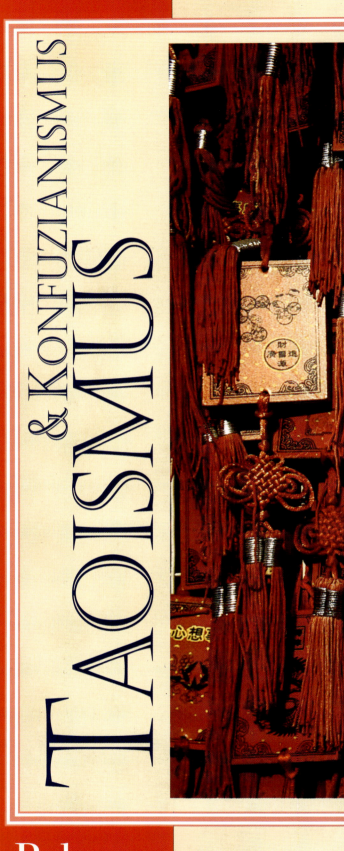

TAOISMUS & KONFUZIANISMUS

Balance im Kosmos

Dicht an dicht hängen Tafeln mit Glück verheißenden Knoten im Pekinger Dongyue-Tempel — ein Appell an gute Geister

Vor 2500 Jahren begründeten der Weise Laotse und der Philosoph Konfuzius zwei Lehren in China. Eigentlich widersprechen sie einander, aber die Chinesen haben beide zu einer praktischen Religion vermengt, die ihnen hilft, den Alltag zu bewältigen. Das Jenseits spielt dabei keine große Rolle. Entscheidend ist es, zur Harmonie im Kosmos beizutragen — in der eigenen Persönlichkeit, in der Familie, im Staat

»Ohne aus dem Fenster zu sehen, gewahrst du das Tao des Himmels. Je weiter du gehst, desto weniger weißt du«

LAOTSE, 6. JAHRHUNDERT VOR CHRISTUS

Ein Gott für jede Lebenslage
ZHONGYUE-TEMPEL, CHINA

Eine taoistische Gläubige kniet vor einem der 72 Götter des Klosters. Sie nehmen wie die Heiligen in der Vorstellung der Katholiken Einfluss auf ganz spezifische Bereiche: So gibt es einen Gott, der zum Erfolg im Examen beiträgt; einen, der die Manneskraft stärkt; aber auch einen, der Ehepaare auseinander bringt

»Schau hinauf in den hellen Mond,
den Widerschein meiner stillen Gedanken, schau hinunter,
das Wasser will dir seine Verse erzählen«

LI JILAN, 8. JAHRHUNDERT

In der Morgenstille liegt die Vollkommenheit

TANYANG, SÜDKOREA

Für die Gläubigen findet das Paradies im Diesseits statt. Der Pavillon liegt an einem perfekten Ort, wo sich die beiden Urkräfte Yin und Yang die Waage halten: das Wasser, die sanften Berge. Yin ist das Weibliche, Yang das Männliche, der negative und der positive Pol wie in der Teilchenphysik

»Man ehrt Geister und Dämonen, aber man hält Abstand zu ihnen«

KONFUZIUS, 6. JAHRHUNDERT VOR CHRISTUS

Andacht in der Abendstunde

LONGSHAN-TEMPEL, TAIPEH, TAIWAN

Eine Frau hat Räucherstäbchen angezündet und steckt sie in den Sand des vergoldeten Beckens, bevor sie das Gespräch mit Ahnen oder Göttern beginnt. Wie in vielen taoistischen Tempeln suchen auch hier Buddhisten die Nähe zum Überirdischen

Sittenlehrer im Dienst des Staates

GEMÄLDE AUS DEM 14. JAHRHUNDERT

Konfuzius, umgeben von einigen seiner 3000 Schüler. In ihren Händen halten sie Schriftrollen, auf denen die Lehren des Meisters verewigt sind. Konfuzius lebte von 551 bis 479 v. Chr. und brachte es bis zum Justizminister eines chinesischen Fürsten. Seine Ideen fanden nicht sofort großen Widerhall

Großmutter spricht sich aus mit der Verwandtschaft. Sie redet über die guten Schulnoten der Enkelkinder, die Bruchoperation ihres Sohns – dem Himmel sei Dank, alles glimpflich verlaufen! – und das neue Auto, das sich die Familie jetzt geleistet hat. Dann macht sie eine kleine Pause, hebt die helle Greisinnen-Stimme noch um eine schrille Terz an, denn nun kommt der Knüller des Jahres: »Unsere Mei Li hat endlich einen Freund!« Das Mädchen Mei Li, das schräg hinter ihr steht, errötet hold und platzt dann heraus: »Oma, das hättest du aber nun wirklich nicht erzählen müssen!«

Kein Kommentar von der Verwandtschaft. Die lieben Angehörigen sind längst unter der Erde. Liegen friedlich unter den wabenförmigen Tonfliesen, die die Grabstätte der Familie Wang auf dem riesigen Zentralfriedhof von Kaohsiung bedecken. Das hindert Großmutter Wang nicht, ihnen die Familienchronik des vergangenen Jahres detailliert aufzublättern. Als ältestes noch lebendes Mitglied der Sippe ist sie sogar verpflichtet, am Totenfest Qingming im April mit den Ahnen in Verbindung zu treten.

Auch wenn sie tot sind, aus der Welt sind die Verstorbenen deswegen nicht. Aus der sichtbaren Welt ja, aus der unsichtbaren nein. Auch die ist Realität und Teil des Universums, obwohl sie den Menschen entzogen ist. Wie die Rückseite des Mondes. Wir sehen nur dessen beleuchtete Vorderseite, trotzdem gibt es die andere Hälfte.

Mit den Toten muß man sich gut stellen. Wenn sie unzufrieden sind, könnten sie verrückt spielen oder sich gar an den Lebenden rächen. Das würde möglicherweise das Heil der Familie bedrohen und die Harmonie des Universums stören. Sind die toten Seelen aber gut drauf, dann ist alles im Lot und sie halten schützend und segnend die Hand über die Verwandtschaft, die noch auf der Erde wandelt. Nicht, dass Familie Wang genau wüsste, ob und wie das funktioniert. Chinesische Religiosität kennt weder feste Wahrheiten noch große theologische Entwürfe. Das Jenseits

153

liegt im Nebel. Wie sagte schon Konfuzius: »Wo wir noch nicht einmal über das Leben Bescheid wissen, wie dann über den Tod?« Und weil die Chinesen über diese ewige Frage so wenig wissen, gehen sie, praktisch, wie sie sind, ganz handfest an die Welt der Toten heran: Sie reden mit den Verstorbenen, als wären sie noch am Leben. Und sie lassen die Toten nicht hungern.

Auf dem Grab der Wang steht ein Tisch mit Marmorplatte. Darauf ein Blumenstrauß, zwei Kilo Äpfel in einer Plastiktüte, ein gebratenes Hähnchen, ebenfalls in Plastik eingeschweißt – man weiß ja nie, die Sommersonne auf Taiwan sticht. Drei Plastikbecher mit Mineralwasser, zwei Dosen Bier, ein paar gekochte Eier und eine Büchse Thunfisch: Opa, er ruhe sanft, mochte den besonders gern. Daneben liegt ein dicker Tuschpinsel. Von dieser Aufmerksamkeit wird der letzte Verstorbene des Wang-Clans besonders angetan sein. Zeigt der Pinsel doch an, dass es sich bei ihm um einen Mann der Schrift, einen Intellektuellen handelte.

Nach Großmutters Bericht an die Geisterwelt und ihre Bitte um deren Segen zünden alle Wangs Räucherstäbchen an. Der Duft des Sandelholzes zieht bis ins Jenseits. Die Ahnen werden sich freuen. Ein paar Knallfrösche gehen zischend und krachend hoch. Das zeigt den Toten, dass ihre Angehörigen noch frisch und munter sind, gleichzeitig vertreibt der Lärm missgünstige Geister oder Dämonen. Dann verbrennen alle in einem kleinen Eisenöfchen ganze Bündel Totengeld. Sie bestehen nicht aus echten Banknoten, sondern aus billigen, gelben Papierblättchen mit silbernem oder goldenem Aufdruck. Gold für die guten, Silber für die bösen Seelen. Schließlich sollen die Verstorbenen auch solvent sein.

Das letzte Räucherstäbchen verglüht. Das Treffen mit den Ahnen geht zu Ende. Familie Wang räumt den Gabentisch ab. Heute Abend werden sich die diesseitigen Wangs ganz ohne schlechtes Gewissen die Speisen für die Toten schmecken lassen. Bei aller Ehrfurcht vor den Ahnen sind die Chinesen enorm praktisch. Handfest und lebensnah ist denn auch die Religion des Milliardenvolkes. Der strengen Theorie nach sind es eigentlich zwei Glaubensrichtungen: Konfuzianismus und Taoismus (plus einem gehörigen Schuss Buddhismus, der schon an anderer Stelle behandelt wurde). Im wahren Leben jedoch haben sich die Lehren der beiden großen Religions-

Das Symbol für die Urkräfte Yin und Yang
Eine schwarze und eine weiße Hälfte verbinden sich entlang einer geschwungenen Linie zur perfekten Form, dem Kreis. Und in der Mitte befindet sich jeweils ein Punkt in der gegenteiligen Farbe: Nichts existiert ohne sein Gegenteil

stifter Konfuzius und Laotse so durchdrungen und verknäuelt, dass viele Wissenschaftler heute keinen scharfen Trennstrich mehr ziehen und lieber von »Chinesischem Universismus« sprechen.

Eins haben Taoismus und Konfuzianismus sicher gemeinsam: sie sind »bescheidene« Religionen. Bescheiden im doppeltem Sinn. Einerseits sind die Transzendenz-Anteile gering. Der Akzent beider Lehren liegt auf dem Diesseits und nicht auf dem Jenseits. Sie kennen keine komplizierte Theologie des Lebens nach dem Tod mit Auferstehung, Jüngstem Gericht, Fegefeuer, Hölle und immerwährender Glückseligkeit im Angesicht Gottes. Und das Paradies ist nicht ihr alles überragendes Ziel. Die christliche Maxime des Mittelalters: »Was schert mich Weib, was schert mich Kind, wenn ich nur in den Himmel find« ist für die Anhänger von Konfuzius und Laotse genauso undenkbar wie die Tat eines islamischen Selbstmord-»Märtyrers«, der das irdische Leben wegwirft, um sich die Tür zum Paradies aufzustoßen.

Zum zweiten spielt der Mensch für Chinesen eine viel bescheidenere Rolle im Dasein als in den drei großen westlichen Religionen. Für Christentum, Judentum und Islam ist er die Krone der Schöpfung. In ihm spiegelt sich der eine, allmächtige Gott wider. Das schwierige Verhältnis zwischen diesem persönlichen Gott und seinem herausragenden Geschöpf dominiert die monotheistischen Religionen. Der Rest der Welt ist für diese Beziehung nicht viel mehr als Staffage.

Konfuzianismus und Taoismus hingegen nehmen das Individuum nicht so wichtig. Sie sehen den Menschen als einen winzigen Teil des großen Ganzen, als Mini-Partikel in einem unendlichen Kreislauf von Werden und Vergehen. Je mehr der Einzelne sich in Harmonie mit dem Universum befindet und je größer die Zahl derer ist, die diese Harmonie gefunden haben, umso runder läuft die Welt. Um so näher ist der Mensch der Unendlichkeit, die man nach chinesischer Überzeugung nicht erkennen oder beschreiben, sondern höchstens erspüren kann. Dieses Aufgehen im großen Ganzen ist Lohn genug. Himmlische Freuden als Anreiz für ein tugendhaftes Leben hienieden sind daher im chinesischen Denken nicht vorgesehen.

Ein Unsterblicher spielt auf dieser Tuschzeichnung aus dem 19. Jahrhundert im Jenseits die Flöte. In der Volksreligion gelten die acht Unsterblichen des Taoismus als Halbgötter. **Sie gehen zum Teil auf historische Figuren zurück**

155

»Man ehrt Geister und Dämonen, aber man hält Abstand zu ihnen«, lehrte Konfuzius vor rund 2500 Jahren seine Schüler und wies so der nach ihm benannten Lehre klar den irdischen Weg. Viele Religionswissenschaftler weigern sich daher, den reinen Konfuzianismus überhaupt Religion zu nennen, weil er »tian«, den Himmel, weitgehend ausklammere. Und doch besitzt auch die diesseitige Lehre des Konfuzius eine starke religiöse Komponente. Denn sie macht das Handeln der Menschen letztendlich für die Harmonie im Kosmos verantwortlich.

Zwiesprache mit den Ahnen
Am Tag der Grabreinigung bringen Familien Essen auf den Friedhof und erzählen den Toten, wie es ihnen ergangen ist

Wie die Wellen sich in immer größeren Kreisen ausbreiten, wenn man einen Stein ins Wasser wirft, so schlägt das Handeln jedes Einzelnen immer weitere Wellen. In seinem Hauptwerk »Lun Yu«, den »Gesprächen«, drückte der Meister dies mit dem berühmten Satz aus: »Ist die eigene Person in Ordnung, so ist die Familie in Ordnung, ist die Familie in Ordnung, so ist der Staat in Ordnung, ist der Staat in Ordnung, so ist die Welt in Ordnung.«

Fünf Grundbeziehungen, richtig gelebt, halten alles im Lot. Das Verhältnis Vater und Sohn, Herrscher und Untertan, Mann und Frau, Älterem und Jüngerem sowie Freund und Freund. Mit Ausnahme des letzten sind es ungleiche Beziehungen. Söhne, Frauen, Untergebene und Jüngere haben laut Konfuzius in erster Linie zu gehorchen. Kein Wunder, dass im Lauf der Jahrhunderte diese Doktrin des Gehorsams autoritäre Machthaber als ideologisches Herrschaftsinstrument benutzten und der Konfuzianismus häufig als reaktionär galt. Denn von denen, die am längeren Hebel saßen, wurden meist die Forderungen des Konfuzius, die er an sie stellte, stillschweigend unterschlagen, nämlich gerecht, gütig, großzügig und uneigennützig zu sein.

Mit manchmal fast preußischem Rigorismus versucht der Konfuzianismus, die Harmonie in der Welt buchstäblich zu erzwingen. Im Konfuzius-Tempel von Taipeh ist die Terrasse vor dem Eingang mit Bäumen gesäumt, die auf den ersten Blick leicht verkrüppelt und wie vom Wind gebeugt aussehen. Bis man bemerkt, dass sie alle exakt die gleiche Schräglage haben. Die Tempeldiener haben sie in jahrelanger Mühe so hingebogen, dass sie zwar bewusst krumm dastehen, das aber in Reih und Glied. »Ein Symbol dafür, dass der Mensch durch Anstrengung und Willen perfekte Ordnung in ein Durcheinander bringen kann«, erklärt die Sinologin Hanne Chen. Sie ist Deutsche, mit einem Taiwanesen verheiratet und hat uns die Insel, die einmal »Nationalchina« hieß, für die Darstellung chinesischer Religiosität empfohlen. »Mao hat die Religion im allgemeinen und den Konfuzianismus im besonderen, als reaktionär bekämpft. Taiwan jedoch war nie kommunistisch. Deswegen haben sich hier die alten religiösen Strukturen noch ziemlich intakt erhalten.«

Ähnlich rigoros wie die Disziplinierung der Tempelbäume wird im Konfuzianismus das Gebot der Ehrfurcht von Kindern gegenüber den Eltern und von Frauen vor dem Ehemann gehandhabt. Auflehnung ist für beide nicht vorgesehen. Konfuzius: »Mit der Pflichterfüllung eines Sohnes gegenüber seinen Eltern ist es wohl zu vereinbaren, dass er ihnen Vorstellungen macht. Sieht er aber, dass sie nicht beabsichtigen, ihm zu folgen, ist er wieder voller Respekt, müht sich für sie ab, ohne zu klagen.«

Schließfächer für die Toten
Angehörige haben die Tür zur Urne ihres Verwandten geöffnet und verharren schweigend vor der Asche des Verstorbenen

Rücksichtnahme und Gehorsam den Eltern gegenüber steigert sich manchmal für westliches Empfinden ins Groteske. In einer berühmten Erbauungsschrift wird als lobenswertes Beispiel unter dem Stichwort »Xiao«, zu deutsch »Pietät«, ein Mann namens Lao Laizi aufgeführt. Noch als Sechzigjähriger zog er bunte Kinderkleidung an und gab lallende Geräusche von sich. Diese Kinderei sollte verhindern, dass die achtzigjährigen Eltern sich mit Erschrecken bewusst würden, sie seien uralt und dem Tode nah.

Und Frauen, so lehrte Konfuzius, seien für die eigene Familie »verschüttetes Wasser«, weil sie ja nach ihrer Heirat das Haus verlassen und zu den Schwiegereltern gehen. Dort ist ihre Rolle klar: »Frauen sind diejenigen, die den Männern gehorchen.« Außerdem sind sie recht kapriziöse Wesen, so ähnlich wie Dienstboten: »Mit Frauen und Dienerschaft ist schwer umzugehen. Wenn man sie zu vertraut behandelt, werden sie respektlos. Wenn man Abstand zu ihnen bewahrt, murren sie.«

Auch wenn Menschlichkeit und Nächstenliebe laut dem Meister Kardinaltugenden sind, konnte seine strenge, rationale Sittenlehre, die so sehr auf Streben, Gehorchen und Pflichterfüllung fußt, zwar die Köpfe, aber nur schwer die Herzen der Menschen erreichen. Der Taoismus, fast zur gleichen Zeit wie die Lehre des Konfuzius im 6. Jahrhundert vor Christus von Laotse gepredigt, war dazu in der Lage. Wo der Mensch sich im Konfuzianismus abrackern muß, um den Kosmos im Gleichgewicht zu halten, lässt er sich als Taoist im ewigen Fluss der Unendlichkeit einfach treiben.

»Tao« heißt zu Deutsch »der Weg, die Bahn«. Nein, die »Energie« sagen andere Sinologen. Falsch, meinen wieder andere, Tao ist die »Tugend«. Schon das Wort lässt sich also kaum fassen und die Aussagen des Laotse zum Wesen des Tao treiben die Ungewissheit ins Paradox: »Das Tao, das genannt werden kann, ist nicht das ewige Tao. Könnten wir weisen den Weg, es wäre kein ewiger Weg. Könnten wir nennen den Namen, es wäre kein ewiger Name.«

Zu dieser universalen Unschärfe passt, dass nicht einmal feststeht, ob es die Person des Gründers überhaupt gegeben hat. Konfuzius ist eine historische Person. Er brachte es beruflich bis zum mäßig erfolgreichen Justizminister eines chinesischen Herrschers. Laotse verschwand zwar gegen Ende seines Lebens angeblich auf einem Ochsen in Richtung Indien reitend spurlos im Nirgendwo, doch dies ist möglicherweise nur eine hübsche Legende und die Laotse zugeschriebenen 81 Sprüche seines Hauptwerks »Tao Te King« stammen vielleicht von verschiedenen Autoren.

Tribut an gute und böse Geister
Angehörige zünden Bündel von Papiergeld an, goldene Scheine für die dem Toten wohlgesinnten Mächte, silberne für die Dämonen

Tao ist also die Chiffre für eine kosmische, alles umfassende, aber nicht zu benennende Kraft. Um mit ihr eins zu werden, kann der Mensch nichts Besseres tun, als ihr durch absichtsvolles Nichtstun keinen Widerstand entgegenzusetzen. Keine Karrieregeilheit, kein Prunk, keine Exzesse. Low Profile rundum. »Nur wenn der Mensch befreit ist von Leidenschaft und Begierden ... ahmt er das stille Wirken der Natur nach. Dann lebt er im Einklang mit der Natur, ja, kann er die Einheit mit dem Tao erreichen.« So versucht der abtrünnige katholische Theologe Hans Küng eine Annäherung an das Rätsel Tao.

Für Normalchinesen heute bedeute die absichtsvoll dunkle Lehre des Laotse, so Hanne Chen, eine gelassene Einstellung zum Leben, »nach der das, was natürlich geschieht, schon irgendwie seine Richtigkeit hat, auch dann, wenn es für den Moment schmerzt, wie der Tod eines geliebten Menschen. Dabei geht es nicht darum, gegen das Leiden des Lebens unempfindlich zu werden, sondern darum, es als Teil des großen Ganzen zu begreifen und anzunehmen.« Ein Weiser in der Nachfolge des Laotse fand das eindrucksvollste Bild für die Flüchtigkeit der menschlichen Existenz: »Eines Menschen Leben zwischen Himmel und Erde ist wie ein weißes Pferd in einer Türspalte: im Nu vorüber und vorbei.«

Vollendung durch steten Zwang
Die Bäume in diesem Tempel von Taipeh neigen sich im selben Winkel – ein Zeichen für den sanften Druck im Konfuzianismus

Früher standen Konfuzianismus und Taoismus sich feindlich gegenüber. Aktivismus hier, Passivität dort. Chinas religiöse Normalverbraucher haben diesen Gegensatz aufgehoben. Sie pickten sich aus beiden Lehren die Elemente heraus, die ihnen zur Bewältigung ihrer Probleme am besten geeignet schienen. Da weder Dogmen noch Glaubenswächter diese Vermischung verhinderten, ist der »chinesische Universismus« heute eine bunt schillernde Volksreligion in tausend Varianten. Mit leisem Spott sagt man in China, der Konfuzianismus sei mehr der Leitfaden für die Jugend: Partnerschaft, Kindererziehung, Karriereplanung, der Taoismus hingegen Stab und Stütze des Alters, wenn der Lebensfaden kürzer wird und die Frage nach dem Warum drängender.

Trauerfeier vor dem Haustempel der weit verzweigten Familie Chen in der taiwanesischen Kleinstadt Mei Nong. Die uralte Großmutter ist friedlich eingeschlafen. Jetzt wechselt sie in das Schattenreich der Ahnen über und die Familie hilft ihr dabei. In echt konfuzianischem Sinne bestimmt ihr ältester Sohn die Zeremonie. Sein Wort ist Befehl. Niemand von den längst erwachsenen Enkelkindern wagt, ihm auch nur im Ansatz zu widersprechen.

Die alte Frau ruht in einem blauen Kleid aufgebahrt vor der Trauergemeinde, diese zumeist in Weiß, der chinesischen Farbe der Trauer. Ihre

159

Augen sind mit einer schwarzen Binde bedeckt. Ihr Blick soll sich nicht mehr auf diese Welt, sondern auf das Jenseits richten. Ein Geldschein liegt mitten auf dem Gesicht. Ihr ältester Sohn wird ihn am Ende der Feier an sich nehmen: die letzte Gabe der Verstorbenen an ihre Lieben, zugleich ihr erstes Lebenszeichen aus der Welt, der sie nun angehört.

Für Reisegeld und Wegzehrung auf der langen Fahrt in das Reich des Unsichtbaren ist gesorgt. Um das Kopfkissen der Leiche sind Geldbündel gestapelt. Auf einem bunt gedeckten Tisch vor dem Totenbett liegen die üblichen Lebensmittel. Daneben stehen mannshohe Stellagen, voll bestückt mit Bier- Wein- und Champagnerflaschen. Chinesische Tote wechseln animiert ins Jenseits. (Die Alkoholika werden anschließend an Armenhäuser oder karitative Organisationen verschenkt)

Drei Tao-Priester in schwarzen Roben machen mit Glöckchen, Messingbecken und Rasseln aus Kokosnüssen eine schrille Musik, die der Toten den Weg hinüber von böswilligen Dämonen freihält. Dazu singen sie endlose, für unsere Ohren eintönig klingende Litaneien. Hinter dem trauernden Sohn stehen seine sämtlichen Jugendfreunde. Sie kamen nicht wegen der Toten, die sie kaum kannten. Sie sind wegen ihres Schulkameraden da. Die fünfte Grundregel des Konfuzius verlangt diese lebenslange Freundestreue.

Als die Feier zu Ende geht, wuchten zwei stämmige Helfer eines Beerdigungsunternehmens die Leiche mit chinesischer Nüchternheit in eine Art Tiefkühltruhe. Dort wird sie bei Temperaturen um den Gefrierpunkt bis zum Begräbnis aufbewahrt. Die Zeremonie auf dem Friedhof kann erst in zehn Tagen stattfinden. Ein Wahrsager hat diesen späten Termin als den günstigsten ermittelt.

Er hatte auch herausgefunden, dass Personen von 33, 38 und 58 Jahren nicht an der Trauerfeier vor dem Haustempel der Chen teilnehmen sollten, und eine Warnung am Eingang angeschlagen. Diese Altersgruppen würden zum heutigen Datum Probleme mit der Geisterwelt schaffen. Die Familie hält sich daran. Die 33-jährige Enkelin der Toten bleibt dem Akt fern. Zum Abschluss wird eine süße Suppe gereicht, in der weiße und rote Kügelchen aus Reismehl schwimmen. Diese Reisbällchen in ihrer perfekten Kugelform sind ein klassisch taoistisches Symbol: alles hat sich gerundet: die Trauerzeremonie, das Leben der Toten, das Universum.

Weil die Lehren des Laotse so vieles offen lassen, sind sie auch für vieles offen. In ihnen konnten sich im Lauf der Jahrhunderte unzählige

Einsprengsel der alten Volksreligionen einnisten. Mit deren Hilfe glauben die Chinesen in ihrer praktischen Art zu dem, »was nicht genannt werden kann«, im konkreten Einzelfall doch eine Brücke schlagen zu können.

Wahrsager wie der beim Begräbnis von Großmutter Chen zapfen mit Hilfe von Handteller-Lesen, Kartenlegen, Traumdeutung oder Astrologie die Sphäre des Unsichtbaren an. Der Chih-Nan-Tempel in den Bergen bei Teipeh ist berühmt als Zentrum der Traumdeutung. Hier wird in drei Schritten vorgegangen. Erst zwingt der Ratsuchende durch Gebete und Zaubersprüche missgünstige Geister in eine mit Löchern versehene Kürbiskalabasse. Dann wirft er kniend drei halbmondförmige Orakelsteine. Fallen sie richtig, sind die Weichen für eine ergiebige Traumanalyse gestellt.

Der Besucher bezieht eines der Gästezimmer des Klosters, träumt dort über Nacht und lässt sich am nächsten Morgen seinen Traum von einem ausgewiesenen Fachmann interpretieren. Einer der renommiertesten Experten ist Hester Chen, der Traumdeutung fünf Jahre ausgerechnet an der Technischen Universität von Teipeh studierte. Ob er mit seinen Prognosen schon einmal schief gelegen habe? »Bisher hat sich noch nie jemand bei mir beschwert«, antwortet der Meister mit selbstsicherem Lächeln.

Perfekte Form zum Leichenschmaus
Zur Trauerfeier reichen die Angehörigen eine Suppe, in der süße Reisklößchen schwimmen — die Kugel gilt als die Form, in der sich alles vollendet

Chi Nan hat aber auch wegen der enorm potenten Gottheit mit schwarzem Bart, die hier verehrt wird, einen guten Namen. Dieser Rasputin des Fernen Ostens hilft in fast allen Lebenslagen, nur nicht beim Liebesglück. Ihm werden zahllose Weibergeschichten nachgesagt, und daher steht er in dem Ruf, Paare auseinander zu bringen. Also bittet man ihn tunlichst nur ohne Begleitung um Hilfe. Selbst Hanne Chen, die wissenschaftliche Westlerin, sträubt sich, mit ihrem Mann die Stufen zum Heiligtum hochzusteigen. »Lieber nicht, man weiß ja nie.«

Eigentlich dürfte die Lehre vom Tao, diesem abstrakten, umfassenden Prinzip, keine Götter kennen. In seiner populären Form hat der Taoismus tausende. Dieser Götterkosmos ist religionsgeschichtlich ein Überbleibsel aus archaischen Zeiten. Der Taoismus hat die ehemaligen Naturgottheiten als praktische Nothelfer in sein System der Universalharmonie eingebaut. So hilft im goldstrotzenden Long Shun Tempel, dem Hauptheiligtum von Teipeh, ein bärtiger Gott gezielt zu einem Ehepartner. Weil das nicht immer einfach ist, ziert seine Stirn eine große Beule, als Zeichen hervorstechender Weisheit. In einer anderen Nische betet man zum Gott für Erfolg im Examen, vergisst aber nicht, gleich um die Ecke auf einem Altar ohne Götterfigur ein Räucherstäbchen anzuzünden. Damit hält man den bösen Stern, dem hier geopfert wird, davon ab, Unheil anzurichten.

Unterweisung in der Unterordnung
In dieser Schule in Südkorea lernen Mädchen die fünf Regeln des Konfuzius. Immer geht es dabei um Pflicht und Gehorsam

Sogar den drei taoistischen Grundbegriffen Geist, Energie und Lebensessenz hat die Volksreligion ein Gesicht gegeben. Sie werden als die »Drei Reinen« dargestellt, drei Gottheiten, von denen Laotse selbst eine ist. Die Statuen der Drei Reinen sind praktisch in jedem Haus in Taiwan zu finden. Dort symbolisieren sie aber für die meisten Menschen handfestere Begriffe als Essenz, Geist und Energie, nämlich »fu«, »lu« und »shou«: Reichtum, Rang und langes Leben – nicht gerade Ideale, die Laotse predigte, doch Wünsche, die jedermann hat. Den Drei Reinen braucht nicht einmal geopfert zu werden, schon ihr Besitz verheißt Glück.

Jeden 2. und 16. Tag des chinesischen Mondmonats bauen etwa die Händler, die Gastwirte, die Handwerker von Kaohsiung in ihren Geschäften mitten zwischen gestapelten Getrieben, aufgetürmten Stoffballen oder suppeschlürfenden Gästen einen improvisierten Hausaltar auf mit den üblichen Opfergaben vom Brathähnchen in der Frischhaltefolie bis zu Schälchen mit Reiswein.

Für ein paar Minuten stehen die Angestellten vom Computer auf, wischen sich die ölverschmierten Hände ab oder vertrösten die Kunden. Die Räucherstäbchen glühen und die Lebenden erbitten von den guten Geistern geschäftlichen Erfolg. Dann wird ansatzlos weitergearbeitet. Der Tisch steht immer dort, wo der Raum sich nach draußen öffnet. In diesen Minuten der Andacht sollte kein Passant auf der Straße direkt vor dem Tisch stehenbleiben. Sein Körper wäre der Verbindung der Beter mit der Unendlichkeit im Wege.

Es ist erstaunlich, wie unsentimental und fugenlos chinesische Nüchternheit und Religiosität zusammenpassen. Da gehen bei Begräbnissen prächtige Häuser, Autos, Fernsehapparate aus buntem Glanzpapier in Flammen auf – den lieben Verwandten soll es ja auch drüben an nichts mangeln. Doch dann werden die Leichen im Zentral-Krematorium im 5-Minuten-Takt verbrannt. Die Angehörigen stehen geduldig um die Asche an, die Krematoriums-Angestellte routiniert in Plastikurnen füllen. Falls beim Verbrennen größere Knochenreste übrigblieben, werden sie vor den Augen der Trauernden in einem Mörser zerstoßen. Im Zentralfriedhof von Kaohsiung bewahrt man diese Urnen dann in einer Art Boxen-Wand auf, die am ehesten an die endlosen Schließfachreihen auf einem Hauptbahnhof erinnern. Wer trauert, öffnet sein Schließfach und lässt angesichts der Urne echte Tränen fließen.

Natürlich zerreißt das Sterben eines Kindes auch chinesischen Eltern das Herz. Doch der Tod ist ist für sie ein Teil des Lebens. Chinesen akzeptieren Schicksalsschläge als eine unabänderliche Komponente im immerwährenden Spiel der Gegensätze, aus denen der Kosmos besteht: gut und böse, hell und dunkel, stark und schwach, warm und kalt. Wachsen und vergehen, befehlen und gehorchen. Sterben und geboren werden. Ruhe und Bewegung. Frau und Mann. Yin und Yang heißen die beiden Urkräfte, die die Welt am Laufen halten. Yin, das weibliche, »negative« Prinzip und Yang, das männliche, »positive« prallen nicht aufeinander, sie wechseln sich ab und ergänzen sich in Ewigkeit. »Positiv und negativ sind dabei nicht als moralische Wertung zu verstehen, sondern eher mit der mathematischen und physikalischen Vorstellung zu vergleichen«, so der Religionswissenschaftler Gerhard Staguhn. »Etwa in dem Sinn, dass erst die positiven Atomkerne und die negativen Elektronen die Atome als Bausteine der Materie ergeben.«

Das Symbol für Yin und Yang ist ein Kreis. In diesem Kreis verschränken sich eine helle und eine dunkle Hälfte entlang einer geschwungenen Linie. Mitten im dunklen Teil sitzt ein heller Punkt, mitten im hellen ein dunkler. Nichts steht fest im Universum, doch nichts herrscht vor, weder das Positive noch das Negative, und im Keim trägt jedes Ding bereits seinen Gegensatz in sich, ist die geniale Botschaft des Yin-Yang-Zeichens. Der Glaube an diese Harmonie im Wandel ist der Kern des »Chinesischen Universismus«. In ihm treffen sich Konfuzianismus und Taoismus. »Der Mensch ist – vereinfacht gesagt – Konfuzianer im Tun und Taoist in der Kontemplation« (Hans Küng).

163

Politik und Religion in China

Jubel für großen Führer
Auch Mao nutzte die konfuzianische Tugend des Respekts vor dem Alter

Die Kommunisten ließen Klöster schließen und Tempel schleifen. Die religiösen Gefühle jedoch konnten sie dem Volk nicht austreiben

Mit der Machtergreifung der Kommunisten, 1949, schien das Schicksal der alten chinesischen Weltanschauungen besiegelt. Kampagnen gegen den »reaktionären« Konfuzianismus, Massenschließungen taoistischer Klöster und Zerstörungen alter Tempelanlagen legten das religiöse Leben jahrzehntelang lahm.
Wirklich beseitigt wurden die alten Traditionen jedoch nie, zumal es gerade konfuzianische Tugenden waren, die die Partei den Menschen abverlangte: das Gemeinwohl über das persönliche Glück zu stellen, sich selbstlos und diszipliniert einer Sache zu opfern, Autoritäten blind zu vertrauen. Und auch die Vorherrschaft der Älteren war innerhalb der Kommunistischen Partei garantiert.
Tiefergehende Folgen hatten die Angriffe auf den Buddhismus (vor allem in Tibet), den Islam (in Sinkiang, dem ehemaligen Turkestan) und auf den Taoismus. Aus kommunistischer Sicht handelte es sich beim Taoismus um eine wirre Mischung abergläubischer Vorstellungen. Heute jedoch gehen selbst hohe Kader der Partei wieder zum Wahrsager. Man greift auf die alten Regeln des Feng-Shui zurück und vertraut bei Potenzschwierigkeiten auf »Bewährtes« wie Bärengalle oder das Horn des Nashorns. »Das weiche Wasser besiegt den harten Stein« – die taoistische Grundweisheit hat sich wieder einmal bewahrheitet.

Da Yin und Yang immer und überall herrschen, kann der Mensch Harmonie scheibchenweise schon im Hier und Heute erreichen und muss nicht auf die große Erlösung im Jenseits warten. So haben die praktischen Chinesen die Lehren von den komplementären Gegensätzen in ihre Medizin eingebracht. Sie definiert Krankheiten als das gestörte Gleichgewicht zwischen Yin und Yang und beruht stark auf den wechselnden Energieströmen im Körper, auf dem Zusammenspiel von Mikro- und Makrokosmos und der positiven Spannung zwischen Leib und Seele.

Die Chinesen nutzen Yin und Yang in der Architektur und Landschaftsgestaltung, um kosmische Harmonie in ihre Häuser und ihre Umwelt zu bringen. Die Lehre von Feng Shui, benannt nach »feng«, Wind, und »shui«, Wasser, kombiniert das Harte und das Weiche, das Nasse und das Trockene auf angeblich optimale Weise. So gilt eine Landschaft, in der sanfte Hügel (yang) einen murmelnden Fluß (yin) überschauen, geradezu als ideal – was allerdings auch für westliche Ästhetik nicht sonderlich überraschend ist. Jeder Tempelstandort in Taiwan ist Feng-Shui-geprüft.

Die handfeste Seite des östlichen Denkens hat eine Art Feng-Shui-Kompass hervorgebracht. Auf einer kreisrunden Scheibe gruppieren sich tausende von beschrifteten Feldern konzentrisch um die Kompassnadel. Zeigt sie auf ein rotes Feld, ist das im Grundsatz gut. Schwarze Felder sind bedenklich. Die so gewonnene Grundaussage über das Harmonie-Potenzial eines Gebäudes muß nun vom Feng-Shui-Meister anhand der zahllosen Zusatzinformationen auf der Scheibe interpretiert werden.

Wo Bäume in den Himmel wachsen
Ein Feng-Shui-Meister demonstriert, wie er mit einer Scheibe voller Symbole und Zeichen die optimale Lage für eine Begräbnisstätte ermittelt

Das Ergebnis komplizierter Erwägungen ist oft verblüffend einfach. Chen Yuhang, ein weithin bekannter FengShui Meister in Mei Nong, nordet zu Demonstrationszwecken für uns sein Gerät auf ein Haus ein, in dem eine bekannt zerrüttete Familie wohnt. Kein Wunder, lächelt er wissend nach langer Konsultation der Scheibe, »schauen Sie sich die Streben an, die unverputzt am Haus nach unten führen. Sie zerschneiden die Familie wie ein Messer«. Fort die Streben, Ende des Familienkrachs.

Der schönste Weg, den Hauch der Unendlichkeit zu spüren, sind Malerei und Kalligraphie. Sie sind keine artistischen Fertigkeiten. Die Bewegung des Tuschpinsels auf dem Papier wird als geistige Annäherung an das Tao verstanden, an die große Harmonie. Nichts könnte den chinesischen Universismus und seine Welt ohne Grenzen besser symbolisieren als die Legende von einem der großen Meister des Tuschpinsels. Der Mann vertiefte sich so sehr in sein Werk, dass er eines Tages in das Bild hineinging und für immer zwischen den von ihm gemalten Hügeln verschwand.

551–479 vor Chr.
Lebenszeit des Konfuzius. Etwa zur gleichen Zeit soll auch der legendäre Laotse gelebt haben

ab 206 vor Chr.
Mit Beginn der Han-Dynastie setzt die Blüte des Konfuzianismus ein. Ein Han-Kaiser opfert am bis heute erhaltenen Grab des Konfuzius und begründet damit einen Staatskult

110 vor Chr.
Erste Biografie des Konfuzius von Ssu-ma Ch'ien

1. Jh. nach Chr.
Die staatliche Verehrung des Konfuzius beginnt

2. Jh. nach Chr.
Der religiöse Taoismus breitet sich aus, Laotse wird zum Gott erhoben

1368–1644
Herrschaft der Ming-Dynastie, Blüte der volkstümlichen Verehrung von Konfuzius und Laotse

1885
Gründung der Konfuzius-Stiftung in China

1912
Abdankung des Kaisers unter Druck der revolutionären Bewegung. Ende des Konfuzianismus als »Staatsreligion«

1949
China wird kommunistisch

1966–1976
Kulturrevolution in China. Konfuzius wird als Reaktionär verdammt

1976
Tod Mao Tse-tungs. In der Folgezeit wird religiöses Leben allmählich wieder geduldet

1984
In Konfuzius' Heimatort Qufu wird eine neue Konfuziusstatue eingeweiht

1994
Gründung der Internationalen Konfuzianismus-Gesellschaft

Taoismus und Konfuzianismus im Überblick
Verbreitung, Geschichte, Lehre, Alltag

Laotse Konfuzius

▶ RELIGIONSSTIFTER
Laotse und **Konfuzius** haben im Taoismus bzw. Konfuzianismus die chinesischen Vorstellungen von Mensch und Kosmos zusammengefasst und interpretiert. Als Stifter einer verbindlichen Religion aber kann man sie nicht ansehen

▶ GOTT
Es gibt einen **Herrn des Himmels** im Taoismus. Doch er greift nicht in das Geschehen auf Erden ein und ist als bildlicher Ausdruck des Tao, der ewigen Ordnung, anzusehen. In der taoistischen Volksreligion existieren Götter, die wie katholische Heilige im Einzelfall helfen. Der Konfuzianismus akzeptiert ein vages Jenseits, dazu gehören auch **Geister ohne spezifische Gestalt**

▶ LEHRE
Der Sinn des Lebens besteht darin, **Harmonie mit dem Universum** zu erlangen. Im Konfuzianismus geschieht das durch Disziplin und das Befolgen rigoroser Regeln im menschlichen Zusammenleben, im Taoismus durch kontemplatives Sich-Versenken. Beiden gemeinsam ist der Glaube an die ewige Wechselwirkung von **Yin und Yang**, den beiden entgegengesetzten Prinzipien, sowie die respektvolle Verehrung der Ahnen und Fortführung ihrer Traditionen als Voraussetzung für eine harmonische Welt. Wer sich im Leben danach verhält, ist auch nach dem Tode unsichtbarer, positiver Teil des Kosmos. Dies ist Lohn genug: Paradies oder Hölle gibt es nicht

▶ HEILIGE SCHRIFTEN
Gibt es nicht. Doch Schriften der beiden Meister (etwa **Tao Te King** von Laotse oder **Lun Yu**, angeblich von Konfuzius) wie auch die ihrer Schüler werden hoch geschätzt als Leitfaden für die rechte Art zu leben

▶ PRIESTER
Im Volks-Taoismus gibt es Priester als Vorbeter vor allem bei **Bestattungsritualen**. Doch sie sind eher eine exklusive Spezialistenkaste und spielen im Alltag taoistischer Laien nur eine geringe Rolle. Der Konfuzianismus kennt keine Priester

Anhänger aus Buchsbaumholz mit **Yin-Yang-** und Orakelzeichen

Manuskript einer **Konfuzius-Lehrschrift** aus der Tang-Dynastie, 7. bis 10. Jahrhundert

▶ VERBREITUNG NACH LÄNDERN
Über die Zahl der Anhänger des Taoismus und der Konfuzianismus gibt es nur Schätzungen. In folgenden Ländern pflegen mehr als eine Milliarde Menschen taoistisches und konfuzianisches Gedankengut. Taoistische bzw. konfuzianische Rituale gehören in diesen Ländern zum Alltag

Laos	5 Millionen Einwohner
Nordkorea	22
Taiwan	22
Südkorea	48
Vietnam	80
Volksrepublik China	

infografik: Maria Steffen

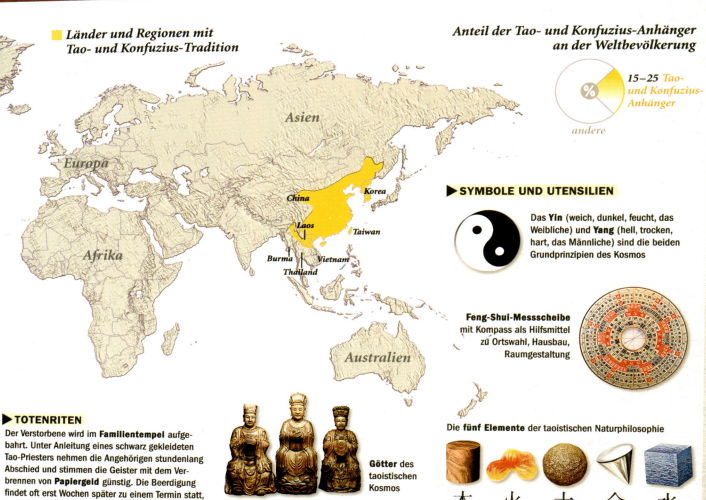

Länder und Regionen mit Tao- und Konfuzius-Tradition

Anteil der Tao- und Konfuzius-Anhänger an der Weltbevölkerung

15–25 % Tao- und Konfuzius-Anhänger / andere

▶ SYMBOLE UND UTENSILIEN

Das **Yin** (weich, dunkel, feucht, das Weibliche) und **Yang** (hell, trocken, hart, das Männliche) sind die beiden Grundprinzipien des Kosmos

Feng-Shui-Messscheibe mit Kompass als Hilfsmittel zu Ortswahl, Hausbau, Raumgestaltung

Die **fünf Elemente** der taoistischen Naturphilosophie

木 Holz 火 Feuer 土 Erde 金 Metall 水 Wasser

Götter des taoistischen Kosmos

▶ TOTENRITEN
Der Verstorbene wird im **Familientempel** aufgebahrt. Unter Anleitung eines schwarz gekleideten Tao-Priesters nehmen die Angehörigen stundenlang Abschied und stimmen die Geister mit dem Verbrennen von **Papiergeld** günstig. Die Beerdigung findet oft erst Wochen später zu einem Termin statt, den der **Wahrsager** für günstig hält. Die Leiche wird verbrannt, die Asche in einer Urne beigesetzt

▶ LEBEN NACH DEM TOD
Die Verstorbenen leben als **gute oder böse Geister** in einem unbestimmten Jenseits weiter. Ihr Status hängt sowohl von ihrer Lebensführung im Diesseits als auch von der Art ab, wie ihre Angehörigen mit ihnen per **Opfer und Gebet** in Verbindung bleiben

▶ GEBOTE
Die **Fünf Grundbeziehungen** (Eltern–Kinder, Ehemann–Ehefrau, Vorgesetzter–Untergebener, Alt–Jung, Freund–Freund) menschlich und uneigennützig zu erfüllen ist fundamentale Pflicht im Konfuzianismus. Für Taoisten ist es „Pflicht", sich dem Lauf der Dinge – dem ewigen Werden und Vergehen – möglichst weitgehend anzupassen

1300

▶ ROLLE DER FRAU
„Der Mann wirkt außer Haus, die Frau wirkt im Inneren des Hauses" ist ein chinesisches Sprichwort. Vor allem der Konfuzianismus beschränkt Frauen auf die Rolle der **Hausmütter**, die das zu tun haben, was der Mann sagt. „Frauen sind diejenigen, die den Männern gehorchen", soll ein Ausspruch von Konfuzius heißen

▶ EHE UND SEX
Ohne dass es feste Vorschriften gibt, hat die Frau eine dienende Funktion. **Sexuelle Leistungsfähigkeit** ist für Männer wichtig, denn einer volkstümlichen taoistischen Lehrmeinung zufolge ist sie lebensverlängernd. Das führt zu großer Nachfrage nach Potenzmitteln aller Art

▶ KLEIDUNGSVORSCHRIFTEN
Keine Gebote seitens der Religion. Bei Begräbnissen trägt man **Weiß** als Farbe der Trauer

▶ SPIRITUELLE HANDLUNGEN
Ahnenopfer, Ahnengebet, Meditation. Kalligrafie und Malerei sind Übungen, sich in die kosmische Harmonie einzufühlen. Im Volks-Taoismus wird zu den guten Geistern gebetet. Nach Übernachtungen an heiligen Orten werden die Träume gedeutet

▶ HEILIGTÜMER
Es gibt viele Tempel, aber keine Wallfahrtsorte von zentraler Bedeutung

▶ FEIERTAGE
Neujahrsfest nach dem Mondkalender Mitte Januar bis Ende Februar

Grabreinigungsfest im März/April

Mondfest zum ersten Vollmond im Herbst

167

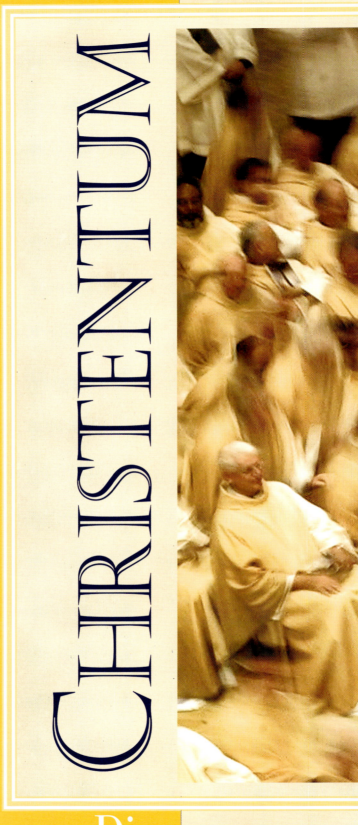

CHRISTENTUM

Die Lehre der Liebe

Unter dem Gekreuzigten feiern katholische Priester mit einer Messe die Eröffnung der Kathedrale »Our Lady of the Angels« in Los Angeles

Sie ist die erfolgreichste Religion der Welt. Für ein Drittel aller Menschen ist das Kreuz Symbol ihres Glaubens. Der Aufstieg einer vorderasiatischen Sekte vor 2000 Jahren zur globalen Gemeinde hatte einen einfachen Grund: Ihr Bekenntnis stellte die herrschenden Lehren auf den Kopf. Der neue Glaube unterschied nicht länger Arm und Reich, Jude und Römer, Sklave und Freier. Er forderte Nächstenliebe. Und die war für alle gleich

Der Stellvertreter Gottes ruft die Gläubigen zum Gebet
PETERSDOM, VATIKAN, ROM
Papst Johannes Paul II. liest eine Messe im größten Gotteshaus der Christenheit. Bis heute hat sich der Vatikan erfolgreich gegen jeden Versuch gewehrt, die gigantischen Ausmaße der 1626 geweihten Kathedrale mit irgendeinem Kirchenneubau zu übertreffen

»Als Jesus am See entlang ging, sah er Petrus und Andreas. Sie warfen ihre Netze in den See. Da sagte er: Folgt mir nach! Ich werde euch zu Menschenfischern machen«

MATTHÄUS 4, 18–19

»Jesus sagte zu ihnen: Seid gewiss, ich bin bei euch bis ans Ende der Welt«

MATTHÄUS 28, 20

Von den Sünden des alten Lebens gereinigt
TAUFZEREMONIE IM JORDAN, ISRAEL

In lange weiße Kleider gewandet, lassen sich diese Christen in jenem Fluss taufen, in dem Johannes der Täufer einst Jesus von Nazareth mit dem Wasser des Flusses übergossen haben soll — als Zeichen der Umkehr und Erneuerung. Die Zeremonie gehört zum Programm der Pilgerreise dieser peruanischen Touristen ins Heilige Land

Über ihnen ist nur Gott und der Himmel Kaliforniens
CRYSTAL CATHEDRAL, GARDEN GROVE, USA
Die gewaltige Konstruktion aus Glas und Stahl, von dem Fernsehprediger Robert H. Schuller initiiert, ist eine der größten Kirchen der USA. Knapp 3000 Gläubige lauschen dem Pastor (rechts auf der Empore), der nicht nur zu ihnen, sondern zu Millionen Fernsehzuschauern in der sonntäglichen »Stunde der Stärke« spricht

»Sammelt euch nicht Schätze hier auf der Erde, wo Motte und Wurm sie zerstören, sammelt euch Schätze im Himmel«

MATTHÄUS 6, 19–20

Die Wiederauferstehung ist gewiss
STUTTERHEIM, SÜDAFRIKA

Auf diesem Friedhof liegen deutsche Siedler begraben, die im 19. Jahrhundert in den Süden Afrikas aufbrachen und ihre Dörfer in der Region östlich des Kaps der Guten Hoffnung gründeten. Nach traditioneller christlicher Vorstellung treten die Verstorbenen nach ihrem Tod vor Gott und werden nach ihrem Leben gerichtet

»*So wird es am Ende der Welt sein:*
Die Engel werden kommen
  und die Bösen von den Gerechten trennen
 und in den Ofen werfen, in dem das Feuer brennt«
MATTHÄUS 13, 49–50

Hingabe an Vater, Sohn und Heiligen Geist
KLOSTER ST. CATALINA, MANILA, PHILIPPINEN
Als Zeichen ihrer Unterwerfung unter Gott und unter die Regeln ihres Ordens haben sich diese fünf Nonnen vor dem Altar auf den Boden gelegt. Mit der Aufnahme in den Orden der Dominikanerinnen akzeptieren sie neben anderem das Zölibat, die Ehelosigkeit, damit nichts sie vom gläubigen Leben ablenkt

Am Anfang des Glaubens steht das Ende der Unschuld

ADAM UND EVA, GARTEN EDEN

Eine der Wurzeln auch des Christentums ist der altbiblische Mythos der Vertreibung des Menschen aus dem Paradies, hier von Michel Wohlgemut 1493 in Nürnberg dargestellt. Adam erliegt der Versuchung, den von Eva angebotenen Apfel zu essen, obwohl Gott ihn davor ausdrücklich gewarnt hat, während die Schlange, das Symbol der Versuchung, dabei zuschaut

Santiago de Compostela im Juli 2004. Gläubige strömen in die Kathedrale, die dem Apostel Jakobus geweiht ist. Viele mit schweren Schuhen, Rucksäcken, Wanderstäben, an denen sie die Schale der Jakobsmuschel tragen, das Zeichen der Pilger auf dem Jakobsweg. Hunderte von Kilometern sind sie nach Galicien gewandert, in diesen entlegenen Nordwestzipfel Spaniens, wo die Landschaft herb und das Wetter unbeständig ist. Es gibt schönere Wanderrouten. Aber seit tausend Jahren keinen wichtigeren christlichen Pilgerweg. Auf ihm gehen von alters her Menschen, die von schweren Krankheiten geheilt wurden, die Abstand gewinnen wollen zu belastenden Lebensereignissen, die eine besondere Erfahrung mit sich selbst suchen oder eine Schuld bewältigen müssen. Dabei ist die Echtheit der Reliquien am Ziel mehr als zweifelhaft. Doch ihr Glaube lässt viele Pilger darauf vertrauen, dass am vermeintlichen Grab des Apostels ihre Gebete erhört, ihre Wünsche erfüllt, ihre Sünden vergeben werden.

2004 ist ein heiliges Jahr, denn der Geburtstag des Apostels Jakobus fällt auf einen Sonntag. Da wird dem »Ablass« gewährt, der als Pilger nach Santiago kommt, in der Kathedrale ein Vaterunser spricht, zur Beichte geht und an der Kommunion teilnimmt.

Die Kirche ist voll. Kerzen, Weihrauch, erschlagende Pracht im Altarraum, der Baldachin darüber eine Gewitterwolke aus Gold. Alle Beichtstühle sind besetzt. Sie sind nach vorn offen, die Sünder kauern nicht im Dunkel, hier blicken sich Priester und Beichtender an. Bis auf einen jungen Mann, der sich weit hineingebeugt hat in den Holzschrank und seinem

Feuer und Flamme für einen Heiligen
SANTIAGO DE COMPOSTELA, SPANIEN

Mit einem gewaltigen Feuerwerk feiert die Kirche der galicischen Stadt den Geburtstag ihres Heiligen, des Apostels Jakobus, der nach der Legende hier begraben ist. Neben Rom und Jerusalem ist Santiago der wichtigste Pilgerort nicht mehr nur der Katholiken. Der Jakobsweg lockt jährlich zehntausende Wallfahrer aller Konfessionen

»Ihr seid das Licht der Welt.
So soll euer Licht vor den Menschen leuchten,
damit sie eure guten Werke sehen«

MATTHÄUS 5, 14 UND 16

Beichtvater ins Ohr flüstert. Welche Vergehen hat er zu bekennen? Womöglich keine anderen als die, ein Mensch zu sein. »Por mi culpa, por mi culpa, por mi gran culpa«, fleht die Gemeinde im Gebet um Gnade und erbittet den Segen ihres Hirten, »im Namen des Vaters, des Sohnes und des Heiligen Geistes«.

Vielleicht ist keine Weltreligion so schwer zu verstehen wie das Christentum. Mit Merkwürdigkeiten wie der »Erbsünde«, die schon neugeborene Kinder zu Sündern stempelt, oder der »Dreifaltigkeit« Gottes. Dieser Religion zufolge wurde Gott zum Menschen, indem er seinen Sohn auf die Erde schickte, der sich dort hinrichten ließ, um die Menschheit zu erlösen. Dieser Religion zufolge soll man eine Jungfrauengeburt für wahr halten und seine Feinde lieben. Ein Glaube voller Unfassbarkeiten, Widersprüche, Rätsel.

Dennoch hatte keine andere Religion so viel Erfolg. Rund zwei Milliarden Menschen, ein Drittel der Weltbevölkerung, verstehen heute das Kreuz als Symbol ihres Glaubens; das sind mehr, als jede andere Religion an Anhängern zählt, fast so viele wie Muslime und Hindus zusammen.

Warum? Was machte die Glaubenslehre einer kleinen vorderasiatischen Sekte so attraktiv? Weshalb eroberte ausgerechnet sie den Globus?

Der Erfolg geht zurück auf einen Mann namens Jeschua Ben Josef, der vor 2000 Jahren als Prediger durch Palästina zog und in seinen Reden an das Volk revolutionäre Lehren verkündete. Aus Jeschua (»Er wird erlösen«) wurde später Jesus, aus seiner Lehre das Evangelium – die gute Botschaft.

Was enthält sie? Zuallererst eine Aufforderung: »Metanoeite!« Der Imperativ wurde lange falsch übersetzt und durch die Jahrhunderte als Bußaufforderung weitergegeben, in Wahrheit war er eine Ermunterung: »Denket um!«

Nichts anderes hat Jesus den Menschen gepredigt als 2000 Jahre später Albert Einstein mit seinen berühmten Sätzen: »Wenn Sie so denken, wie Sie immer gedacht haben, werden Sie so handeln, wie Sie immer gehandelt

Jesus am Kreuz, darunter seine Mutter Maria und sein Lieblingsjünger Johannes, gemalt von Rogier van der Weyden um 1460. Der Mensch gewordene Gottessohn, der am Kreuz starb, ist die zentrale Gestalt des christlichen Glaubens

184

Die Märtyrer der frühen Kirche
ANTIKES ROM
So stellte sich der Maler Henryk Siemiradzki die Christenverfolgung im antiken Rom vor: Kaiser Nero, einen Lorbeerkranz auf dem Kopf, begutachtet die Leiche einer jungen Christin, die er zur Belustigung des Volkes an die Hörner eines Stiers hatte binden und zu Tode schleifen lassen

haben. Wenn Sie so handeln, wie Sie immer gehandelt haben, werden Sie das bewirken, was Sie immer bewirkt haben.«

Der Prediger aus Galiläa wollte die Menschen zu einem anderen Handeln veranlassen, und dazu musste sich zunächst ihr Denken verändern. Die Richtung dieses neuen Denkens – und Handelns – hat er immer wieder formuliert, am klarsten in seiner berühmten Bergpredigt.

Die gesamte Lehre dieses Jesus besagt, kurz gefasst, dass es kein wichtigeres Gebot gibt als das der Liebe. Der Liebe zu Gott und zu den Menschen. »Du sollst den Herrn, deinen Gott lieben«, predigte er und: »Als Zweites kommt hinzu: Du sollst deinen Nächsten lieben wie dich selbst. Kein anderes Gebot ist größer als diese beiden.«

In seinem Buch »Was würde Jesus heute sagen« hat der CDU-Politiker und ehemalige Jesuitenmönch Heiner Geißler erfrischend unbekümmert um theologische Haarspaltereien festgehalten, welch revolutionäre Wucht diese Botschaft damals besaß und bis heute besitzt. Sie schallte in eine morsche Welt scharfer sozialer Gegensätze zwischen Klassen und Rassen bis hin zur Sklavenhaltung; die Welt des langsam zerbröckelnden Römischen Imperiums, das auf die Unterdrückung und brutale Ausbeutung

Ein Priester packt's an

Selbstlos und ohne Aufhebens leisten zahllose Deutsche aus christlichem Antrieb Dienst am Mitmenschen – so wie Pfarrer Meurer in seinem Arbeiterbezirk

Franz Meurer bei seiner Art der »Armenspeisung«

Der Advent ist Prime Time für Pfarrer Franz Meurer. Gerade hat ein Unternehmen 18 000 Tafeln Schokolade gespendet. Die Lokalzeitung hat seinen Aufruf zur Knochenmarkspende für die krebskranke Frederike gedruckt, und einen Sponsor für die Festbeleuchtung hat er auch gefunden. »An Weihnachten menschelt es mächtig«, sagt der 53-Jährige. »Das müssen wir nutzen.«

Vor zwölf Jahren hat der katholische Pfarrer die Gemeinde Höhenberg-Vingst in Köln übernommen. Ein Arbeiterviertel: 23 000 Menschen, fast 40 Prozent leben von Sozialhilfe, jeder Dritte ist Ausländer. Ein sozialer Brennpunkt, doch dank Meurers Schaffen auch ein Hort der Nächstenliebe. »Glück braucht einen Ort«, zitiert er Peter Handke in breitem Kölsch. Sein Konzept ist simpel: »Die Kirche muss ein öffentlicher Raum sein, und jeder muss seinen Beitrag leisten.«

Der Pfarrer malocht für seinen Glauben sieben Tage die Woche in einer abgetragenen Steppweste oder im Blaumann. Dienstags verteilt er an Bedürftige, was Supermärkte auf den Müll geworfen hätten. Mittwochs öffnet er im Keller der mondänen Leichtbetonkirche von St. Theodor den Kleidermarkt, in dem sich jeder gegen eine Schutzgebühr von zwei Euro gebraucht einkleiden kann. Er hat mit seiner Gemeinde mehr als 1000 Blumenbeete in die Tristesse des Viertels gepflanzt. Im Sommer organisiert er für 500 sozial benachteiligte Kinder ein Feriencamp. Vergangene Woche hat Meurer einen Praktikanten eingestellt, der zuvor Patient im örtlichen Regelvollzug war. »Einen Kriminellen aus der Klapse für Kirchenarbeit einzuspannen, werden viele für verrückt halten«, sagt Meurer. »Aber eine christliche Gemeinschaft muss das tragen können.« Jeder verdient Respekt – und eine Chance.

Einige Schäflein hat Pfarrer Meurer mit seiner unkonventionellen Mission verloren, umso mehr hat er gewonnen. Bei der Messe am Sonntag ist das Gotteshaus überfüllt. Bis zu 500 Menschen sitzen auf beigestellten Ikea-Hockern und Bierbänken, um Meurers Predigten zu lauschen und um die junge Russin zu sehen, die im Chor jetzt in der ersten Reihe steht. »Sie ist einfach hübsch, und die Leute wollen sie dort sehen. Das ist doch nichts Verwerfliches.«

Meurer hält nichts von Dogmen. Er verzichtet auf den erhobenen Zeigefinger und auf die alttestamentarische »Du-sollst-Moral«, verteilt stattdessen zum Ärgernis einiger Glaubensbrüder die Antibabypille an junge Frauen. Dass das im Widerspruch zu den katechetischen Leitsätzen des Heiligen Vaters steht, interessiert ihn nicht. »Soll ich lieber zusehen, wie die Mädchen ein Kind nach dem anderen abtreiben?«

anderer Völker gegründet war – auch des jüdischen, dem der Prediger aus Galiläa angehörte. Die Menschen sehnten sich nach Befreiung von der römischen Fremdherrschaft, die auch eine Befreiung von schweren Abgabenlasten bedeutete; sie sehnten sich nach einem Erlöser, einem von Gott gesandten Messias. Doch die Oberschicht kooperierte mit den Römern, die ihr Reichtum und Einfluss garantierten. Dafür halfen die Sadduzäer, jede aufkommende Unruhe zu unterdrücken, auch mit den Mitteln religiöser Disziplinierung.

In dieser Welt schlug das radikale Liebesgebot des Jesus aus Nazareth ein wie ein Blitz in die Zellen eines Gulag. Die Wände wankten, die Mauern bekamen Risse, die Gitter hingen schief in den Angeln, die Tore öffneten sich. Denn das uneingeschränkte Gebot der Nächstenliebe bedeutete ja auch, dass jeder den gleichen Anspruch auf Nächstenliebe hatte – auch der Bettler, der Sklave, sogar die Hure, wie Jesus in seiner Begegnung mit einer Prostituierten klar machte (Lukas 7, 36–50). Der Apostel Paulus hat die Eindeutigkeit dieser Botschaft in seinem Brief an die Galater später noch einmal unterstrichen: »Es gibt nicht mehr Juden und Griechen, nicht Sklaven und Freie, nicht Mann und Frau, denn ihr alle seid ›Einer‹ in Christus Jesus« (Gal. 3,28).

Es ist ein neues Gottesbild und ein neues Menschenbild, das der historische Jesus proklamierte. Das Bild eines Gottes, vor dem alle Menschen gleich sind und der sie daran misst, wie sie sich ihren Nächsten gegenüber verhalten. »Er vollbringt mit seinen Armen machtvolle Taten, er zerstreut die im Herzen voll Hochmut sind, er stürzt die Mächtigen vom Thron und erhöht die Niedrigen, die Hungernden beschenkt er mit seinen Gaben und lässt die Reichen leer ausgehen« (Lukas 1,51–53). Er ist ein Gott, der Verehrung nicht

Wie ein Essen mit Zeitgenossen
»Das letzte Abendmahl« von Juan de Juanes (1523–1579). Unzählige Künstler haben den Abend darzustellen versucht, an dem Jesus zum letzten Mal mit seinen Jüngern Brot und Wein teilte, in der Nacht vor seinem Tod am Kreuz

187

gelten lässt, wenn sie sich nicht im Handeln gegenüber den Menschen beweist. »Wenn jemand sagt, ich liebe Gott, aber seinen Bruder hasst, dann ist er ein Lügner. Denn wer seinen Bruder nicht liebt, den er sieht, wie kann er dann Gott lieben, den er nicht sieht?« (Erster Brief Joh. 4,20). Und die Verpflichtung zur Nächstenliebe gipfelt in dem Satz der Bergpredigt: »Liebet eure Feinde.« Heiner Geißler übersetzt sie im Licht neuerer Bibelforschung in die Formulierung: »Tut euren Feinden etwas Gutes, seid vernünftig im Umgang mit dem Gegner« – eine Aufforderung, »die gegenseitige Eskalation von Hass und Gegenhass, Terror und Gegenterror, Gewalt und Gegengewalt« zu sprengen.

Auf jeden Fall eine revolutionäre Botschaft, eine Aufforderung zu radikalem Umdenken, zum Bruch mit den bestehenden Verhältnissen und ihrer Neuordnung; sie hat, so Geißler, bis heute nichts an Aktualität verloren.

Damals wurde der Unruhestifter aus Galiläa auf das gemeinsame Betreiben von Sadduzäern und Römern hin schließlich unschädlich gemacht und starb, vermutlich im Jahr 30 unserer Zeitrechnung, am Kreuz. Seine Lehre aber war nicht mehr zu stoppen. Die Jünger leugneten seinen Tod, glaubten, ihr Herr sei wiederauferstanden und heimgekehrt zu seinem Vater im Himmel; sie zogen aus, um von diesem Wunder und den anderen, die er in seinem Leben getan hatte, Zeugnis abzulegen. Und die christliche Umwertung aller Werte, die sie dabei predigten, verbreitete sich unter denen, die bisher von den Herrschenden für wertlos erklärt worden waren, wie eine neue Heiltherapie unter Kranken.

Friedrich Nietzsche, der Propagandist des »Übermenschen« und erklärte Feind des Christentums, hat dessen Aufstieg gar nicht falsch als »Sklavenaufstand in der Moral« gedeutet. Mit »furchteinflößender Folgerichtigkeit« sei die alte Wertordnung (Gut = vornehm = mächtig = schön = glücklich = gottgeliebt) auf den Kopf gestellt worden: »Die Elenden sind allein die Guten, die Armen, Ohnmächtigen, Niedrigen sind allein die Guten, die Leidenden, Entbehrenden, Kranken, Hässlichen sind auch die einzig Frommen, die einzig Gottseligen, für sie allein gibt es Seligkeit.« Sie alle, die Ausgebeuteten, die Unterprivilegierten, hatten keine Mühe, ihre Seelen dem menschenfreundlichen Evangelium des Nazareners zu öffnen. Sie sind das Volk.

Sterben, damit andere leben
Einst hing es in fast jedem christlichen Haushalt und fast jeder Schule. Der am Kreuz gestorbene Jesus soll an das ultimative Opfer des Gottessohnes erinnern

188

Viele Anhänger des neuen Glaubens starben zunächst den Märtyrertod, weil sie es ablehnten, den römischen Kaiser als Gott anzuerkennen. Dennoch erlebte die Lehre des Wanderpredigers aus der Wüste einen schwindelerregenden Aufstieg. Im Jahr 313 unserer Zeit hatte sie so viel an Anhängern und Einfluss gewonnen, dass Kaiser Konstantin die Toleranz gegenüber allen Religionen festlegte; und noch einmal 78 Jahre später erklärte Theodosius I. das Christentum zur Staatsreligion.

Lichter für den Auferstandenen
Orthodoxe Christen in der Grabeskirche in Jerusalem. Eine Kapelle überdacht den Ort, an dem Jesus bestattet worden sein soll

Damit aber trat ein Wandel ein, von dem die christliche Religion sich nie mehr erholte. Die frohe Botschaft der Ohnmächtigen verbündete und verfilzte sich mit der Macht des Staates. Fortan wollten ihre Verwalter Teilhabe, Einfluss, Geltung, Reichtum, Hoheit, Herrschaft. Und die Botschaft des unbedingten Liebesgebotes wurde dabei von theologischer Spitzfindigkeit immer wieder so lange umgedeutet und verfälscht, bis sogar die Blutbäder der Kreuzzüge und die gnadenlose Ausplünderung und Ausrottung der Ureinwohner Südamerikas mit dem Segen christlicher Priester erfolgten. Und zur Knechtung anderer Völker im Namen des Kreuzes kam auch noch die Unterdrückung von Sexualität und Lust.

Immer wieder wurde die eindeutige Liebeslehre des Predigers aus Nazareth und seiner Jünger missbraucht, um Ziele zu erreichen, die ihr genaues Gegenteil, nämlich Verdruss, Hass und Machthunger, verfolgten. Ausgerechnet Jakobus, der friedliche Jünger von Jesus, der für dessen Lehre mit dem Leben eintrat und enthauptet wurde, avancierte zum Schutzpatron der christlichen Krieger gegen die islamischen Mauren in Spanien. Auf einem weißen Pferd sitzend, das Schwert in der Rechten und die abgehauenen Köpfe der Heiden zu Füßen, so zeigt eine Skulptur den »Maurentöter« noch immer in einer Seitenkapelle der Kathedrale von Santiago.

Der russische Schriftsteller Dostojewski hat in seinem letzten Roman gleichnishaft beschrieben, wohin diese Entwicklung die christliche Religion in letzter Konsequenz führte: Jesus kommt nach 1500-jähriger Abwesenheit zurück auf die Erde, mischt sich unter die Menschen in Sevilla, sieht ein Kind in einem Sarg und erweckt es vom Tode, wird von den Menschen erkannt und angebetet, aber auch vom Großinquisitor entdeckt, der ihn in einen Kerker werfen lässt und ihm dort in der folgenden Nacht klar macht, dass die Erde inzwischen das Reich der Kirche sei und Jesus dort nichts mehr zu suchen habe. »Du hast nicht das Recht, noch etwas dem hinzuzufügen, was von dir schon damals gesagt worden ist. Warum also bist du gekommen, uns zu stören? Morgen noch werde ich dich richten und dich als den ärgsten aller Ketzer auf dem Scheiterhaufen verbrennen, und dasselbe Volk, das heute noch deine Füße geküsst hat, wird morgen auf einen einzigen Wink meiner Hand zu deinem Scheiterhaufen hinstürzen, um eifrig die glühenden Kohlen zu schüren.« In Konsequenz ihres Verrates am Liebesgebot wird die Kirche zur Killerin des Evangeliums. Aber noch einmal triumphiert dessen Botschaft. Der eingekerkerte Jesus hört sich die Rede des greisen Inquisitors stumm an und erwidert nichts. »Aber er nähert sich schweigend dem Greis und küsst ihn still auf die blutleeren neunzigjährigen Lippen. Das ist seine ganze Antwort. Der Greis zuckt zusammen. Und dann erbebt etwas an den Mundwinkeln des greisen Großinquisitors; er geht zur Tür des gewölbten Verlieses, öffnet sie und sagt zu Ihm: ›Geh! und komme nie wieder ... komme überhaupt nicht mehr, nie, nie wieder!‹«

Herren über Leben und Tod Die Inquisition tagt. Francisco de Goya hat 1815–19 eine Szene vor dem Glaubensgericht festgehalten, das jeden foltern und hinrichten lassen konnte, den es für einen Ketzer hielt

Unzählige Male hat die Kirche den Glauben verraten. Am furchtbarsten in den Zeiten der Inquisition, geschaffen, um Häretiker, Glaubensabweichler, in den eigenen Reihen aufzuspüren. Tatsächlich fallen den Folterern der Kirche zahllose konvertierte Juden und Muslime in Spanien zum Opfer, Deutschland und Frankreich tun sich vor allem in der Hexenverfolgung hervor. Auch der wissenschaftliche Fortschritt wird von der Inquisition bekämpft. Da im Mittelpunkt der biblischen Schöpfungsgeschichte die Erde steht, darf nicht sein, was Galileo Galilei als Wahrheit erkannt hatte: dass die Erde um die Sonne kreist.

Es war nicht nur die Glaubensbotschaft, es war auch die Glaubensgemeinschaft der Christen, die dadurch Schaden genommen hat. Ein Kampf um Macht und Einfluss, bemäntelt mit einem theologischen Streit um die Bedeutung von Heiligenbildern, führte dazu, dass sich die Kirche im Jahr 1054 in Ost- und Westkirche spaltete, Letztere unter Führung des Papstes in Rom, dem sich die Bischöfe der byzantinischen Gemeinden in

Griechenland, Russland und Süditalien nicht unterwerfen wollten. Die beiden Christengemeinden haben sich nie wieder vereinigt.

Auch das westliche Christentum spaltete sich, als Verweltlichung und Gewinnsucht der römischen Kirche überhand nahmen. Es war der einträgliche Handel mit Ablässen, mit denen man angeblich eine Verkürzung des Aufenthaltes im Fegefeuer der Hölle erkaufen konnte, was den Augustinermönch Martin Luther dazu veranlasste, seine 95 »Thesen« in Wittenberg anzuschlagen – Auftakt der Reformation, einer neuen Spaltung der Kirche in katholisch und evangelisch.

Auch diese beiden Teile der christlichen Gemeinde, heute in Deutschland mit 26 Millionen Mitgliedern etwa gleich stark, kamen nie wieder zusammen. Im Disput der Theologen siegte das Trennende stets über das Gemeinsame. Zuoberst steht die Frage nach Vergebung der Sünden. Erwirbt der Reuige Anspruch auf Vergebung durch aktive Buße, zum Beispiel durch Beten nach der Beichte (katholische Position)? Oder liegt die Vergebung allein in der Gnade Gottes (lutherische Position)?

In einem Punkt allerdings gab es nie einen Unterschied zwischen den beiden Konfessionen: Auch für Luther gehörte die Bergpredigt »nicht ins Rathaus«. Das Gebot der uneingeschränkten Nächstenliebe war für ihn mit den pragmatischen Anforderungen politischen Handelns nicht vereinbar. Auch die »Protestanten« verbündeten und verbandelten sich wieder eng mit der weltlichen Macht, auch in ihren Reihen gab es deswegen immer neue Aus- und Aufbrüche von einzelnen und Gruppen, die keine faulen Kompromisse leben, sondern versuchen wollten, mit dem Evangelium Ernst zu machen. Neben den klassischen Lutheranern entwickelten sich die Glaubensgemeinschaften der Baptisten, Methodisten, Presbyterianer, Quäker, Mennoniten und vieler anderer sowie die kleinen »urchristlichen« Gemeinschaften der »Brüdergemeinden« wie der Hutterer oder der Amish. Viele nahmen ihren Glauben so ernst, dass sie – wie die puritanischen »Pilgerväter« Englands – lieber das Wagnis einer Auswanderung in

Das Geschäft mit der Reue
Eine Bulle von Papst Julius II. vom 13. Dezember 1505 gewährt denen Erlass ihrer Sünden, die dafür entsprechend bezahlt haben

191

die unbekannte neue Welt Amerikas eingingen, als Abstriche an ihrer religiösen Überzeugung zu machen. Auch auf dem neuen Kontinent gab es dann aber theologische Auseinandersetzungen, mal um die richtige Art der Taufe, mal um Speisegesetze oder den Wochentag, an dem die Arbeit zu ruhen hat. Neue Gruppen bildeten sich. Siebenten-Tags-Adventisten, Mormonen, Zeugen Jehovas, Pfingstler. Weltweit sollen zwischen 400 und 30 000 christliche Konfessionen bestehen.

Selbst im alten Stammhaus der römisch-katholischen Kirche gab es zu allen Zeiten Reformer, die allein oder als Gruppe die Jesus-Nachfolge im Sinne seiner Bergpredigt antraten, von Franz von Assisi, dem Stammvater der Franziskanermönche, über den Gründer des Jesuitenordens, Ignatius von Loyola, bis zu Mutter Teresa, Helferin der Ärmsten von Kalkutta. So unterschiedlich all diese Vertreter gelebten Glaubens in der Art ihres Handelns waren, so identisch ist ihr Ausgangspunkt: Sinn des Lebens ist es, die Ordnung der Liebe zu festigen durch liebesbestimmtes Handeln.

Eigentlich müsste das für jeden Christen das Verständnis vom Sinn seines Daseins sein. Dass er sich als Teil einer göttlichen Ordnung versteht und sie stärkt, indem er Gutes tut – und dadurch zugleich Gutes empfängt. Doch er lebt in den Ländern des Westens in einer Gesellschaft, die zwar christlich geprägt und von den Kirchen seit vielen Jahrhunderten mitgeformt ist, deren Realität aber kaum mehr mit der Verwirklichung des Gebots der Nächstenliebe zu tun hat als die Palästinas vor 2000 Jahren. Es hat dem Evangelium auch nicht geholfen, dass bis zur Zeit der Aufklärung Staat und Kirche in Europa eine Einheit bildeten, um christliche Ziele mit staatlichen Mitteln zu erreichen. In Deutschland endete diese Einheit formal erst 1919 mit der Weimarer Verfassung. Auch heute noch gibt es neben christlichen Parteien »Konkordate« und »Staatskirchenverträge«, die beispielsweise den Religionsunterricht an Schulen, die Einhaltung christlicher Feiertage und den Einzug der Kirchensteuer durch den Staat regeln.

Dennoch blieb die Gesellschaft stets eine der eisernen Ellbogen, in der Starke siegen und

Widerstand gegen den Ablasshandel
Martin Luther verbrennt 1520 in Wittenberg die Bulle des Papstes, die ihn wegen seiner Kritik mit einem Bann belegt hat

Schwache untergehen. Selbst christliche Politiker, so Heiner Geißler, »stehen unter dem Diktat einer Wirtschaftsideologie, die den Beweis des ersten Anscheins für sich hat, aber letztlich inhuman ist. Sie lassen sich vom Kapital und seinen Interessen beherrschen, anstatt sich des Kapitals zu bedienen, um eine für Menschen und Natur gerechte Ordnung zu schaffen.«

Das ist einer der Gründe, vielleicht der wichtigste, weswegen die christlichen Kirchen des Westens so dramatisch an Mitgliedern und Glaubwürdigkeit verlieren. Der Kirche des Ostens, lange im Widerstand gegen den Kommunismus und von ihm unterdrückt, strömen die Menschen zu. Auch die Gotteshäuser in Afrika sind voll, ebenso die in Lateinamerika, wo viele Priester lange Zeit Anhänger einer Theologie der Befreiung waren und sich eindeutig auf die Seite der Armen gestellt haben. Europa dagegen ist ein Kontinent der leeren Kirchen. »Touristenattraktionen aus der Vergangenheit des Christentums«, nannte sie die *New York Times*. Allein die Evangelische Kirche in Deutschland hat in den vergangenen zehn Jahren 2,34 Millionen Mitglieder verloren, von den verbliebenen besuchen gerade mal zehn Prozent die Gottesdienste. Bei den Katholiken sieht es nicht anders aus. Auch in England und Italien geht nur jeder Zehnte am Sonntag in die Kirche, in Frankreich sogar nur jeder Zwanzigste. Im Glaubwürdigkeitsvergleich deutscher Institutionen landen die Kirchen inzwischen hinter dem ADAC. Kein Wunder. Sie haben eine Wirklichkeit mitgestaltet, in der von liebesbestimmtem Handeln wenig zu spüren ist.

Das Glück der Gläubigen am Ziel
Junge Wallfahrerinnen vor dem Pilgerbüro von Santiago. Sie warten geduldig auf ihren Stempel im Pass, der dokumentiert, dass sie den Jakobsweg zu Fuß gegangen sind

Gelebter Glaube wird zum Minderheitenprogramm. Bei mehr als 50 Millionen Kirchenmitgliedern in Deutschland ist diese Minderheit allerdings noch immer stattlich. Die Beteiligung an Kirchentagen, der Zustrom Zehntausender Jugendlicher aus ganz Europa zu den jährlichen Treffen der Taizé-Bruderschaft und vor allem das karitative Engagement vieler Menschen und Kirchengemeinden zeigen die Vitalität dieses gelebten Christentums. In ihm ist noch immer die Nachfolge des Gekreuzigten Leitkultur des Lebens: Hinwendung zum Nächsten, Hilfe für den Schwachen, Halt geben und Halt finden in der Gemeinschaft. Das Leben also nach dem

Prinzip der Liebe führen, nicht dem des Machtzuwachses oder Gewinns. Noch immer wirkt diese Gruppe auch in der Gesellschaft als Ferment, ficht für Humanisierung, findet sich nicht ab mit dem Status quo der »gottverdammten Wirklichkeit« (Eugen Drewermann), sondern beharrt auf der Widerlegung allen Hasses durch Liebe.

Die Reinigung der Seele
Noch in Wanderschuhen kniet eine junge Pilgerin vor dem Geistlichen in der Kathedrale und bekennt dem Beichtvater ihre Sünden

Für eine wachsende Mehrheit aber sind solche zentralen christlichen Gedanken nur noch exotisch und die Kirchen nicht mehr Glaubensgemeinschaften, sondern Dienstleister für besondere Lebenssituationen wie Taufe, Hochzeit, Beerdigung. Fast die Hälfte der Deutschen gibt in Umfragen an, die Kirchen hätten auf die sie bewegenden Fragen keine Antworten, nur noch zwölf Prozent können mit dem dreieinigen Gott, »Vater, Sohn, Heiliger Geist«, etwas anfangen. Zwar erklären zwei Drittel noch immer, an »Gott« zu glauben. Doch er wird für sie nicht mehr erfahrbar in öden Ansprachen, die von den Kanzeln gehalten werden, in überzeugungslosen Glaubensbekenntnissen, heruntergeleierten Litaneien und leeren Schuldbeteuerungen.

Religion ist für viele zu einem Ornament für besondere Gelegenheiten geworden – mal Weihnachtsgirlande, mal Ostergesteck. Das Erlebnis der »Communio«, der christlichen Gemeinschaft, schrumpft auf »Oh du fröhliche« am Heiligabend. Damit ist die Kirche aber auch kein Ort mehr, in dem erlebt wird, dass der Mensch »ein Ebenbild« Gottes sei. Die Verwirklichung des zweiten Teiles der Aufforderung Jesu: »Liebe deinen Nächsten wie dich selbst«, fällt vielen Menschen so schwer wie die des ersten.

Spirituelle Erfahrungen werden weiterhin gesucht, aber immer weniger in den traditionellen Gotteshäusern. Stattdessen zum Beispiel auf dem Jakobsweg. Viele Wanderer auf dem Pilgerpfad sind typisch für diese neue Art von religiöser Suche; für sie ist der Weg das Ziel und nicht die goldene Pracht der Kathedrale in Santiago. Auf ihrer Wanderschaft machen sie die elementaren Erfahrungen aller Pilger zu allen Zeiten: Sie verlassen die Heimat, geben Vertrautes auf, lassen das gewöhnliche Leben und den gewohnten Komfort los, reduzieren ihr Leben und ihr Gepäck auf das Notwendigste, vertrauen der Hilfe und Solidarität anderer Menschen, verein-

WO DAS CHRISTENTUM ZULEGT

Die Zukunft des Christentums liegt in Afrika, Südamerika und Asien. Vor allem Freikirchen und Evangelisten gewinnen dort an Boden

Glaube als Erlebnis Zusammenkunft von Evangelisten in Nairobi, Kenia

Die Zahl der Christen verringert sich in Europa Jahr für Jahr um ein knappes halbes Prozent (gegenwärtig sind es noch etwa 519 Millionen), in Deutschland um ein Prozent. In Nordamerika steigt sie dagegen um 0,7, in Lateinamerika um 1,5, in Afrika um 2,8 und in Asien um 3,7 Prozent. Das Land mit dem schnellsten Wachstum — 10 000 Neubekehrungen pro Tag — ist China. Insgesamt entspricht das Anwachsen der Christenheit etwa dem Wachstum der Weltbevölkerung, dabei verschiebt sich die globale Verteilung immer stärker in Richtung Dritte Welt. Um 1900 lebten 16 Prozent der Christen in Asien, Afrika und Lateinamerika, heute sind es 60 Prozent. Der wichtigste Grund für die rasche Zunahme bzw. einen Konfessionswechsel in der Dritten Welt ist die massive Mission evangelikaler und unabhängiger Freikirchen, verbunden mit dem Einsatz erheblicher materieller Mittel — vor allem für Schulen, Kindergärten, Sportanlagen. Besonders hohen Zuwachs verzeichnen die »pfingstlich-charismatischen« Gemeinschaften, bei denen nicht die Lehre über Gott im Mittelpunkt steht, sondern die Erfahrung von Gott. Häufig bildet sich dabei im gelebten Glauben eine Religions-Mixtur aus Christentum und alter Stammes- oder Volksreligion. Die Katholische Kirche ist mit rund 1,1 Milliarden Mitgliedern weltweit noch stärkste Konfession, verliert aber an Boden. Vor 100 Jahren lag der Anteil der Katholiken an der Weltbevölkerung bei 17 Prozent, in 30 Jahren wird er sich auf zwölf Prozent verringert haben.

fachen, verlangsamen, »reinigen« ihr Leben. Und öffnen es damit neuen Erfahrungen – Begegnungen mit dem eigenen Ich, mit der Natur, mit Gott.

»Die Langsamkeit des Gehens«, sagt einer der Pilger, »hat eine erdende Wirkung, sie führt zu einer bewussteren Wahrnehmung der Umgebung. Gehen wird zu einer Form der Andacht, zu einem Dialog mit der Schöpfung.« Als Wanderer sei er losgegangen, als Pilger angekommen.

260 Kilometer ist eine Jugendgruppe aus Südtirol auf dem »Cami-

no de Santiago« gelaufen; jetzt, endlich am Ziel, sind die Teilnehmer sehr still und ganz erfüllt von dem Erlebten. Das Beschreiben fällt schwer. »Einfach unterwegs zu sein war eine starke Erfahrung«, sagt eine junge Frau schließlich, »ein Ziel zu haben, auf dem Weg zu bleiben, auch gegen Widerstände, und dabei Begleitung und Führung zu haben. Morgens um sechs, wenn es noch dunkel war und wir losgingen, habe ich gedacht: Hier ist Christus.«

Gerade die Erfahrung dieses langen Weges kann aber auch manche christliche Gewissheit ins Wanken bringen. Der Mensch, so lehrt es die jüdisch-christliche Tradition, sei die Krone der Schöpfung, Kosmos und Erde seien auf ihn hin erschaffen worden. Aber lässt sich an dieser Vorstellung noch festhalten, wenn man sie mit wachen Sinnen und unter Einbeziehung moderner Naturwissenschaft wahrnimmt? Dann erschließt sich das göttliche Universum als ein unendlich komplexes Gebilde, in dem jedes Teil nur in Beziehung zum Ganzen existiert und in seiner Existenz sinnvoll wird. Von einem »sich selbst organisierenden System« spricht der katholische Theologe und Psychotherapeut Eugen Drewermann.

Im Rausch des Glaubens
Zum Abschluss des Gottesdienstes in der Kathedrale von Santiago wird das größte Weihrauchfass der Welt durch das Kirchenschiff geschwenkt

Versucht man dieses System von einem seiner Teile her zu verstehen, wird man scheitern. Man kann die Form und Funktion eines Blattes nicht verstehen, ohne es als Teil des ganzen Baumes wahrzunehmen und seiner Verbindungen zu der Erde, in der er wurzelt, zu dem Klima, in dem er wächst, zu den Tieren, die mit ihm leben. Es macht vom Standpunkt der Betroffenen betrachtet keinen Sinn, wenn ein Kind behindert geboren wird; es kann nur als Gnadenlosigkeit des Schicksals empfunden werden und zu Hader mit Gott führen, der seiner Krone der Schöpfung so etwas zumutet. Nur wenn man den Menschen als Bestandteil der gesamten Evolution auf der Erde begreift, die den Gesetzen von Mutation und Selektion folgt, wird man auch den Sinn einer Behinderung verstehen und letztlich akzeptieren können. »Die Fehler unserer Weltbetrachtung beginnen da«, sagt Drewermann, »wo wir so tun, als wenn die ganze Welt so sein müsste, wie wir es wünschen. Das kann sie nicht, denn sonst hätte sie uns nicht hervorgebracht.«

In den fernöstlichen Religionen des Hinduismus und Buddhismus wird die Welt als ein komplexes Ganzes betrachtet, in das sich der einzelne Mensch an seinem Platz einfügt. Dadurch bekommt sein Leben Sinn und er das Gefühl von Geborgenheit und Dazugehörigkeit, das jeder religiösen Suche zugrunde liegt. Er fühlt sich nach den Worten Carl Friedrich von Weizsäckers wie »ein Organ im umfassenden großen Organismus«. Wer sich aber so empfindet, ist auch dichter am Auftrag des Evangeliums, als es die meisten Christen sind. Denn für ihn kann es kein Ellbogenverhalten gegen andere mehr geben. Jedem Teil-Organ kann es nur so gut gehen wie dem gesamten Organismus, Wachstum kann nur in der Bereicherung aller bestehen, nicht in deren Verdrängung.

Eins werden mit Gott
Eine Frau empfängt die Kommunion. Nach der Vorstellung der katholischen Kirche nimmt sie damit ein durch die Wandlung zum Leib Jesu gewordenes Stück Brot auf

Das Christentum sieht die Welt aber von der Warte des Menschen aus und macht es ihm damit heute schwer, seinen Platz in der Schöpfung zu finden und diese Schöpfung vor ihrem größten Feind zu bewahren – dem Menschen. Es ist neben der politischen diese spirituelle Krise, welche die erfolgreichste Religion der Menschheitsgeschichte heute im Westen so erfolglos macht.

Werbekampagnen, die Erfindung von »Kulturkirchen« oder die Verteidigung des Verbots, Autos am Sonntag zu waschen, werden nicht aus der Krise heraushelfen. Allenfalls die geduldige, bescheidene, beglückende Annäherung an Jesus, indem man sein Liebesgebot auf das eigene Leben anwendet. Und sich so auf einen Pilgerweg begibt, der nach der Erkenntnis der christlichen Mystiker niemals endet. »Nur das ist ein wirkliches Sehen Gottes«, sagte Gregor von Nyssa, »das der Sehnsucht keine endgültige Sättigung bietet.«

Zwischen 8 und 4 v. Chr.
Jesus Christus wird in Nazareth geboren. Die Zeitdifferenz erklärt sich aus Berechnungsfehlern bei der Einführung der christlichen Zeitrechnung im Jahr 525 n. Chr.

Zirka 28 nach Chr.
Jesus begegnet Johannes dem Täufer, von dem er sich im Jordan taufen lässt

Zirka 30 nach Chr.
Prozess gegen Jesus in Jerusalem und Hinrichtung am Kreuz

40 bis 56
Missionsreisen des Paulus

70 bis 100
Die vier Evangelien des Neuen Testaments werden geschrieben

313
Ende der Christenverfolgung im Römischen Reich

391
Das Christentum wird im Römischen Reich Staatsreligion

Bis 1000
Ganz Europa ist christianisiert

1054
Bruch zwischen orthodoxer Ost- und römisch-kath. Westkirche

1095 bis 1099
Erster christlicher Kreuzzug

1215
Einrichtung der Inquisition zur Bekämpfung vom falschem Glauben

1378 bis 1417
Kirchenspaltung mit zwei Päpsten in Rom und Avignon

1517
Anschlag der Thesen Luthers, Beginn der Reformation

1534
Anglikanische Kirche gegründet

1618 bis 1648
Dreißigjähriger Krieg in Europa

1869 bis 1870
Erstes Vatikanisches Konzil

1962 bis 1965
Zweites Vatikanisches Konzil

Seit 1978
Pontifikat Papst Johannes Paul II.

Christentum im Überblick
Verbreitung, Geschichte, Lehre, Alltag

Jesus Christus, byzantinisches Mosaik um 1000

▶ RELIGIONSSTIFTER
Jesus von Nazareth, Sohn eines jüdischen Zimmermanns, der zu Beginn unserer Zeitrechnung in Galiläa und Jerusalem gelebt hat; dem Glauben nach der Sohn Gottes, der Mensch wurde, um durch seinen Opfertod die Menschheit zu erlösen

▶ GOTT
Es gibt **einen Gott**, der aber drei Erscheinungsformen umfasst. Vater, Sohn und Heiliger Geist sind in einer Gottheit vereint. Zusammen bilden sie den dreieinigen oder dreifaltigen Gott

▶ LEHRE
Oberstes Gebot ist die **Liebe zu Gott**. Diese Liebe zeigt sich in der Liebe zu den Menschen. Wer sie zur Richtschnur seines Handelns macht und auf diese Weise gottgefällig lebt, wird von den Toten wiederauferstehen und in das paradiesische Himmelreich Gottes kommen

▶ AUFNAHMERITEN
Von Konfession zu Konfession unterschiedlich. Allgemein gilt meist: Neugeborene oder kleine Kinder werden durch die **Taufe** in die christliche Gemeinschaft aufgenommen. Wenn sie älter geworden sind und in der Christenlehre unterwiesen worden sind, bestätigen sie ihre Zugehörigkeit (Erstkommunion und Firmung bei Katholiken, Konfirmation bei Protestanten) und nehmen an der rituellen Vereinigung mit Jesus Christus durch das Heilige Abendmahl (Kommunion) teil

▶ TOTENRITEN
Traditionell vorgesehen ist die Erdbestattung mit vorausgehender Totenfeier

▶ LEBEN NACH DEM TOD
Christen glauben, dass sich beim Tod ihre Seele mit Gott vereinigt, sofern sie ein Leben nach den Evangelien geführt haben

Die Bibel mit Altem und Neuem Testament

▶ HEILIGE SCHRIFTEN
Die **Bibel**. Sie umfasst zwei Teile: Das so genannte Alte Testament mit den **Offenbarungen** Gottes gegenüber den alten jüdischen Propheten sowie weiteren Schriften wie Psalmen, Sprüche, Klagelieder; und das Neue Testament, das die Lebens- und Wirkungsgeschichte von Jesus Christus enthält. Die **vier Evangelien** und die **Apostelgeschichte** erzählen vom Leben und Sterben Jesu, die anderen Bücher sind Briefe, in denen die christliche Lehre detailliert und vertieft wird. Jesus selbst hat nichts Schriftliches hinterlassen

▶ VERBREITUNG NACH LÄNDERN

Land	Millionen
Frankreich	42 Millionen
Italien	47
Großbritannien	49
Nigeria	53
Deutschland	54
Philippinen	68
Russ. Föderation	84
Mexiko	
Brasilien	
USA	

infografik: Maria Steffen

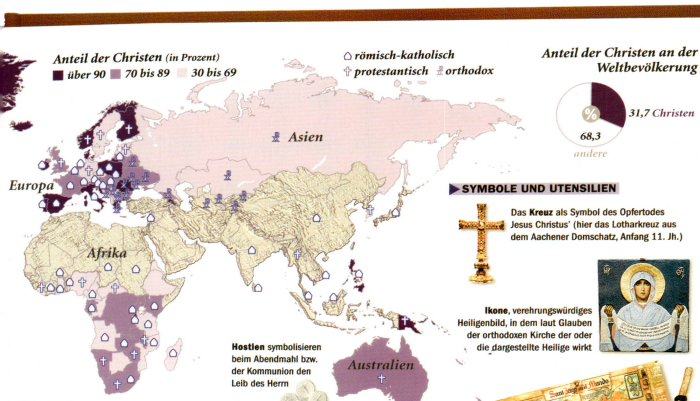

Anteil der Christen (in Prozent): über 90 | 70 bis 89 | 30 bis 69
⌂ römisch-katholisch † protestantisch ☧ orthodox
Anteil der Christen an der Weltbevölkerung: 31,7 Christen / 68,3 andere

▶ SYMBOLE UND UTENSILIEN

Das **Kreuz** als Symbol des Opfertodes Jesus Christus' (hier das Lotharkreuz aus dem Aachener Domschatz, Anfang 11. Jh.)

Ikone, verehrungswürdiges Heiligenbild, in dem laut Glauben der orthodoxen Kirche der oder die dargestellte Heilige wirkt

Hostien symbolisieren beim Abendmahl bzw. der Kommunion den Leib des Herrn

Karte, Pilgerausweis und Insignien der Pilger auf dem **Jakobsweg**: Pilgerstab und Jakobsmuschel

▶ CHRISTENTUM IN ZAHLEN

Es gibt weltweit über 2 Milliarden Christen, die aber verschiedenen Konfessionen angehören:

römisch-katholisch	1071 Mio.
protestantisch	375
orthodox	150
andere	600

Insgesamt bezeichnen sich zwischen 400 und 30 000 Konfessionen als christlich

▶ GEBOTE

Für Christen gelten die **Zehn Gebote** des Alten Testaments: Du sollst keine anderen Götter haben – den Namen Gottes nicht missbrauchen – den Feiertag heiligen – Vater und Mutter ehren – nicht töten – nicht ehebrechen – nicht stehlen – nicht falsch Zeugnis reden – und nicht Haus, Hab und Gut anderer begehren. Daneben gilt das von Jesus verkündete Gebot der unbedingten **Gottes- und Nächstenliebe**

▶ GEBOTE FÜR KLERUS/KLOSTER

Priester der katholischen Kirche dürfen nicht heiraten. Nonnen und Mönche legen je nach Orden verschiedene Gelübde ab, das **Keuschheits- und Armutsgebot** gilt für alle Ordensleute

156
238

▶ SPIRITUELLE HANDLUNGEN

Gebete, die als Zwiesprache mit Gott oder gemeinschaftliche Bitte an ihn verstanden werden, wie das Vaterunser. Singen von **Liedern**, die inhaltlich Gebete, Lobpreisungen Gottes oder Klagen sein können. Der **Gottesdienst** mit der Verkündung von Gottes Wort als Mittelpunkt. Die rituelle Vereinigung mit Gott im **Abendmahl** (Kommunion). **Beichte**, in der Verstöße gegen Gottes Gebote bekannt und in seinem Namen vergeben werden. Sowie Prozessionen und Wallfahrten

▶ ROLLE DER FRAU

Der historische Jesus hat nichts gesagt oder getan, woraus sich eine Diskriminierung der Frau ableiten ließe. In der Praxis christlicher Kirchen und Gesellschaften mussten sich Frauen fast immer den Männern **unterordnen**. In der katholischen und der orthodoxen Kirche dürfen sie nicht Priester werden

▶ EHE UND SEX

Die Ehe wird hochgehalten, sie wird vor Gott geschlossen. Sex wird als Teil der Schöpfungsordnung akzeptiert, ist aber nur in der Ehe gestattet. Vorehelicher Sex ist verboten. Von der Evangelischen Kirche wird er aber zunehmend toleriert. Verhütung wird von der Katholischen Kirche nicht erlaubt, Abtreibung nur in bestimmten Fällen

▶ HEILIGTÜMER

Heilige Stätten der Christenheit sind an vielen Orten entstanden. Zu den wichtigsten gehören
Betlehem: nach biblischer Interpretation Geburtsort Jesu
Jerusalem: Ort seiner Kreuzigung
Rom: Petersdom, Sitz des Papstes
Santiago de Compostela: Grab des Apostels Jakobus
Canterbury: Kathedrale, Grab des Heiligen Thomas Becket
Fatima (Portugal), **Tschenstochau** (Polen), **Lourdes** (Frankreich): Marienwallfahrtsorte

▶ FEIERTAGE

Weihnachten (25. Dez.): Geburtstag von Jesus Christus
Karfreitag und **Ostern** (am Wochenende nach dem ersten Vollmond im Frühling): Tage seiner Kreuzigung und Auferstehung
Pfingsten (50. Tag nach Ostern): Erscheinung des Heiligen Geistes, der in Feuerzungen über die Jünger Jesu kam und sie in vielen Sprachen reden ließ

Die Fragen der Gläubigen

Religionen sind keine logisch aufgebauten Systeme, sondern langsam gewachsene Glaubensgebäude mit einer langen Geschichte. In ihr haben sich viele Vorstellungen nebeneinander entwickelt, die sich nicht selten widersprechen. Die folgenden Aussagen sind deswegen nicht für das gesamte Spektrum einer Religion repräsentativ. Sie geben aber die Ansichten wieder, die von einem großen Teil der jeweiligen Glaubensrichtung vertreten wird.

	BUDDHISMUS	JUDENTUM
Woher kommt die Welt?	Die Welt war immer da. Sie ist aber nichts Feststehendes, sondern eine in ständiger Veränderung begriffene Kombination von Materie und Geist – genau genommen also eine Illusion, ein Trugbild.	Gott hat sie aus dem Nichts geschaffen. Zum Abschluss schuf Gott den Menschen.
Gibt es einen Gott?	Es gibt nach Buddhas Lehre keinen Gott. In der späteren Mahayana-Glaubensform und im Alltagsbuddhismus spielen jedoch göttliche Wesen eine wichtige Rolle.	Ja, es gibt einen Gott, und nur einen. Er ist allmächtig, nicht darstellbar und hat sich das Volk Israel zur Erfüllung seines göttlichen Konzepts auserwählt.
Greift Gott in das Leben ein?	Nein. Es gibt keinen Gott. Es gibt für den Menschen nur den Weg der Selbsterlösung. In manchen Schulen des Buddhismus wird dem Buddha Maitreya zumindest die Aufgabe einer Hilfestellung bei der Selbsterlösung übertragen.	Ja, Gott belohnt oder bestraft die Menschen im Diesseits und nach dem Jüngsten Gericht im Jenseits – nach dem Maß, in dem sie auf ihn vertrauten und seinen Geboten gefolgt sind.
Hat Gott menschliche Mittler, Stellvertreter oder Verkünder?	Es gibt im klassischen Buddhismus keinen Gott, folglich auch keine Priester. Auch dann, wenn Buddha selbst wie ein Gott verehrt wird, hat er keine Prediger. Mönche haben keine geistlichen oder seelsorgerischen Aufgaben. Im Alltag werden ihnen diese aber von vielen Anhängern zugeschrieben.	Vermittler Jahwes waren die Propheten, besonders Elias, und Moses, dem er die Zehn Gebote gab. Die Rabbiner sind ähnlich wie die islamischen Gelehrten Interpretatoren der heiligen Schriften. Sie haben hohe Autorität, aber keine endgültige Verbindlichkeit.
Was ist der Sinn des Lebens?	Sinn des Lebens ist, sich mit Hilfe der Meditation von Gier, Verblendung und Hass zu befreien und immun zu werden gegen das Leiden der Welt. Wem das gelingt, der kann aus dem Kreislauf der Wiedergeburten unmittelbar aussteigen und in das selige Nirwana eingehen, das nicht zu benennen und zu beschreiben ist.	Sinn des Lebens ist, durch ein gottgefälliges Dasein auf Erden ins ewige Paradies einzugehen.

HINDUISMUS	ISLAM	TAOISMUS & KONFUZIANISMUS	CHRISTENTUM
Die Welt war immer da. Sie durchläuft ewig wiederkehrende Etappen des Werdens und Vergehens. Im jeweiligen Weltzyklus erscheinen alle Lebewesen in der Form, die ihnen als Folge ihrer eigenen Taten zukommt.	Gott hat sie aus dem Nichts geschaffen. Das letzte Produkt der Schöpfung ist der Mensch.	Der Kosmos ist unendlich und ewig, Ausdruck des »Tao«, des Unbennenbaren. Die Frage nach der Schöpfung stellt sich nicht.	Gott hat die Welt aus dem Nichts geschaffen und den Menschen nach seinem Ebenbild.
Es gibt viele Götter, Tausende.	Ja, es gibt einen Gott, und nur den einen. Er ist allmächtig und für den Menschen nicht darstellbar.	Der »Herr des Himmels«,. greift nicht in das Geschehen auf der Erde ein und ist als Ausdruck des Tao, der ewigen Ordnung, anzusehen. In der Volksreligion existieren Götter, die etwa den katholischen Heiligen entsprechen: sie helfen im Einzelfall. Wichtigste Brücke zum Jenseits sind die Ahnen, die das Leben beeinflussen können.	Es gibt einen Gott, nur einen, der aber in sich drei Wesenheiten vereinigt. Er ist Gottvater, der Sohn und der Heilige Geist.
Ja, Götter haben die Macht, in das irdische Geschehen einzugreifen und Menschen Beistand zu gewähren.	Gott belohmt oder bestraft die Menschen nach dem Jüngsten Gericht im Jenseits – je nach dem, wie sie seinen Geboten folgten	Nein, es gibt keinen in der Welt handelnden Gott. Lediglich die Ahnen und volkstümliche Gottheiten (Heilige) stehen den Lebenden zur Seite, wenn man sie durch Opfer oder Gebete gnädig stimmt und für sich gewinnt.	Gott kann in der Welt handeln, Menschen beistehen oder sie strafen. Im katholischen Glauben können das auch die Heiligen, die eine Mittlerstelle zwischen Gott und den Menschen einnehmen.
Die Vermittler zu den klassischen Göttern des indischen Himmels sind die Priester der Brahmanen-Kaste. Nur sie wissen genau, welche Riten und Opfer welchem Gott zustehen und wie man ihn gewogen stimmt. Daneben gibt es aber auch viele Volks- und Stammesgottheiten, zu denen der Zugang für jedermann frei ist.	Vermittler Allahs waren die Propheten, denen er sich offenbarte. Mit Mohammed, dem er mit dem Koran die gesamte und endgültige Wahrheit anvertraute, ist jedoch die Reihe der Vermittler für immer abgeschlossen. Helfer sind heute islamische Gelehrte, die den Koran auslegen. Ihre Interpretationen haben aber keinen absolut bindenden Charakter.	Nein. Es gibt weder Stellvertreter eines Gottes noch Verkünder seiner Worte.	Ja, es gibt Menschen, die Gottes Botschaft auf der Erde verbreiten. In der katholischen Ausprägung des christlichen Glaubens gibt es auch Menschen, die Gott auf der Erde vertreten, in seinem Namen sprechen und Sünden vergeben können. Im Protestantismus wird ein allgemeines Priestertum aller Menschen gelehrt.
Sinn des Lebens ist, durch gute Taten sein Karma zu verbessern, dadurch nach dem Tod in eine bessere Existenz wiedergeboren zu werden, schließlich zum Brahmanen zu werden und dann den endgültigen Ausstieg aus dem Kreislauf von Tod und Wiedergeburt zu erreichen und mit der Weltseele Brahma zu verschmelzen.	Wie Judentum	Der Sinn des Lebens besteht darin, Harmonie mit dem Universum zu erreichen und dem unbenennbaren Tao möglichst nahe zu kommen. Im Konfuzianismus wird das durch diszipliniertes Befolgen rigoroser Regeln im menschlichen Zusammenleben erreicht, im Taoismus durch kontemplatives Versenken. Beiden gemeinsam ist respektvolle Verehrung der Ahnen, Voraussetzung für eine harmonische Welt.	Sinn des Lebens ist es, so zu leben, dass man die Erlösung durch Gott erlangt. Erfahren wird man sie nach der Auferstehung aller Toten im neuen Paradies, in dem es keine Sünde mehr gibt. Im Diesseits kann sie in einem heiligen Leben anschaubar werden.

	BUDDHISMUS	JUDENTUM
Welche Pflichten hat der Mensch?	Die Pflichten sind vielfältig und detailliert festgelegt, hängen aber ganz von der jeweiligen Wiedergeburt und Kastenzugehörigkeit ab. Was für den einen Pflicht ist, kann für den anderen streng verboten sein.	Wichtigste Pflicht ist es, den Bund mit Gott nicht zu gefährden, alle Regeln, wie sie in Thora und Talmud niedergelegt sind, penibel zu befolgen, da sie Ausdruck des göttlichen Willens sind. Es gibt aber keine missionarische Haltung: Andere können leben, wie sie wollen. Gott hat seinen Bund nur mit den Juden, seinem auserwählten Volk, geschlossen. Diese Ausschließlichkeit ist allerdings in manchen Richtungen des Judentums umstritten.
Was geschieht, wenn ich meine Pflichten nicht erfülle?	Wenn ich es nicht schaffe, Gier und Hass zu überwinden, werde ich von Augenblicks-Impulsen gesteuert wie ein Tier, bilde entsprechendes Karma und bestimme mit dieser Belastung die Art meiner nächsten Wiedergeburt – unter Umständen als Tier. Durch Opfer oder gute Werke kann ich den falschen Kurs eines Lebens korrigieren, seine Bilanz aber nicht schönfärben.	Der Herr straft, wie viele Beispiele des Alten Testaments zeigen, schon im Diesseits. Die Sintflut, die Zerstörung von Sodom und Gomorra sind die bekanntesten Beispiele. Im Jenseits bleibt dem Sünder dann das Paradies verschlossen. Sünde ist die Summe von Fehlern, die man vermeiden und zum Teil auch wieder gut machen kann.
Was geschieht mit mir nach dem Tod?	Der Mensch vergeht vollständig. Aber eine Art karmische Energie setzt sich von einer Existenz in die andere fort wie die Bewegung einer Billardkugel, die eine andere Kugel anstößt. In ihr bleibt etwas von dem gestorbenen Menschen erhalten – solange, bis dieses Karma restlos überwunden und aufgebraucht ist und man ins Nirwana eingeht, die unbeschreibbare, selige Leere. Im Amida-Buddhismus gibt es auch die Lehre, daß man nach dem Tode ins »reine Land«, eine Art Paradies, eingehen kann.	Die Gerechten nimmt Gott nach dem Tod zu sich ins Paradies, die anderen fallen der Vernichtung in einer Hölle anheim, die nicht genauer beschrieben ist.

HINDUISMUS	ISLAM	TAOISMUS & KONFUZIANISMUS	CHRISTENTUM
Für alle Menschen gelten die gleichen Pflichten. Fünf Gebote müssen eingehalten werden: das Leben achten und nicht zu töten; nicht zu stehlen; nicht zu lügen, auch dann nicht, wenn es Vorteile bringt; seinen Gatten zu respektieren und keinen Ehebruch zu begehen; sowie keine Drogen und keinen Alkohol zu sich zu nehmen. Aus acht Verhaltensweisen besteht der Pfad, der zur Überwindung des Leids führt.	Gott als höchste Instanz in Oberste Pflicht ist, in allen Lebenslagen anzuerkennen, die Gesetze des Koran zu befolgen und für die Ausbreitung des Islam zu sorgen.	Die fünf Grundbeziehungen (Eltern–Kinder, Ehemann–Ehefrau, Vorgesetzter–Untergebener, Alt–Jung, Freund–Freund) menschlich und uneigennützig zu erfüllen, ist fundamentale Pflicht im Konfuzianismus. Für Taoisten ist es »Pflicht«, sich dem Lauf der Dinge – dem ewigen Werden und Vergehen – möglichst weitgehend anzupassen und mit den Ahnen durch Opfer sowie Gebet positiven Kontakt zu halten.	Der Christ hat die Zehn Gebote des Alten Testaments der Bibel einzuhalten und der Lehre der Bergpredigt von Jesus aus dem Neuen Testament zu folgen. Er soll Gott und seinen Nächsten lieben wie sich selbst.
Mein Karma verschlechtert sich, mit ihm meine Aussicht auf eine gute Wiedergeburt und auf eine baldige Beendigung des Kreislaufs der Wiedergeburten. Jedes Leben ist die Quittung des vorangegangenen. Sünden sind Fehler, die ich durch gute Taten wieder ausgleichen kann.	Wenn ich die Gebote Allahs nicht einhalte, komme ich in die Hölle. Aber gegen Gottes Gesetz zu verstoßen ist ein Fehler, der wieder gut gemacht werden kann. Außerdem ist Allah der Allbarmherzige, der keinen Sünder für immer im Strafgericht schmoren lässt.	Wenn ich meine Pflichten gegenüber den Mitmenschen und Ahnen nicht erfülle, begehe ich Fehler und führe deswegen ein unglückliches Leben. Nach dem Tod erwartet mich im Schattenreich der Ahnen ein Dasein als ruheloser oder böser Geist. Es gibt aber im Jenseits weder eine Belohnung noch eine Bestrafung durch Paradies oder Hölle.	Gottes Strafe kann den Sünder nach katholischer Auffassung in der Form des Fegefeuers treffen, das ihn martert, aber dann auch von Sünden gereinigt entlässt; es gibt jedoch auch die Hölle als ewiges Strafgericht. Jeder Mensch ist Sünder. Jeder trägt Schuld. Nach dem katholischen Glauben kann sie zum Teil durch gute Werke getilgt werden, nach protestantischer Überzeugung nur durch die Vergebung Gottes.
Meine Seele verlässt die sterblichen Überreste des Körpers, die zu den Elementen zurückkehren. Entsprechend dem Karma, das die Seele gebildet hat, wird sie in einem neuen Lebewesen - Tier oder Mensch - wiedergeboren. Wenn sie die Endstufe der irdischen Existenz als Brahmane erreicht hat, kann sie mit der Weltseele verschmelzen.	Die Seele wartet in einem neutralen Zustand auf das Jüngste Gericht. Je nach dessen Urteil geht sie dann entweder in den Himmel oder in die Hölle. Ein reinigendes Fegefeuer existiert nicht.	Nach dem Tod erfolgt der Übergang in die unsichtbare Wirklichkeit, das Reich der Ahnen und Geister. Nur im volkstümlichen Taoismus gibt es für ein exemplarisch gutes Leben Unsterblichkeit an einem besonders schönen Ort, einer Art Paradies.	Nach dem Ende des irdischen Daseins erwartet der Christ im Todesschlaf die versprochene Wiedererweckung der Toten am Jüngsten Tag. Gott hält dann Gericht und versammelt die Seelen aller Gerechten in »neuem Fleisch« in einem neuen Paradies, in dem es keine Sünde mehr gibt. Die Selig- und Heiliggesprochenen der Katholischen Kirche sind unmittelbar nach ihrem Tod zu Gott aufgestiegen, sitzen bei ihm und wirken dort.

Abbildungsverzeichnis

Harald Schmitt / stern: 11, 14, 20/21, 32/33, 39, 40, 41, 42, 44, 45, 46, 65, 66/67, 71, 76, 81, 95, 96, 102, 103, 104, 105, 107, 109, 126/127, 132, 133, 134, 135, 136, 137, 139, 148/149, 150/151, 156, 157, 158, 159, 161, 165

Peter Thomann / stern: 101, 102, 104, 105, 182/183

Jay Ullal / stern: 90

stern-Infografik Maria Steffen: 16, 48/49, 80/81, 110/111, 142/143, 166/167, 198/199

AAAC / Topfoto: 93; Abbas / Magnum / Agentur Focus: 114/115, 178/179; action press: 62/63, 78, 118/119; Agentur Focus: Umschlag, 181; Agentur Focus / Magnum / Abbas: 84/85; Agentur Focus / Magnum / Stuart Franklin: 106; Agentur Focus / R. Michaud / Rapho: 152; Agentur Focus / Tom Jacobi: AKG: 31, 35, 51, 54/55, 57 u., 79, 97, 106, 128, 155, 98, 99, 100, 166, 167, 184; AKG: 81, 110; Amit Shabi / Laif : 52/53, 88/89; AP / Beatrice Degea: 169; Archivberlin: 43; 143; Bettmann / Corbis: 142, 166; Bildarchiv Preußischer Kulturbesitz: 131, 185; Bilderberg: 107; Bilderberg / Obie Oberholzer: 176/177; Bilderberg / Peter Ginter: 48, 174/175; Burstein Collection / Corbis: 140; Chris Hondros / Getty Images: 118; Christa Lachenmaier / Laif: 22/23; Colin Monteat / Hedgehog House / picture press: 24/25; Corbis: Umschlag, 48, 49, 110; Corbis / A. Ryman: 111; David Bathgate / Laif: 122/123, 130; Doug Menuez / Scalo / Here is New York: 58/59, 111; EPA / dpa: 108, 143; Frederic Brenner: 68; Gianni Giansanti: 110, 170/171; Hanumat: Bridgeman Art Library: 110; Images.de: 81; John Birdsall / Images.de: 98; John MacDougall / AFP: 15; Kazuyoshi Nomachi / Agentur Focus: 116/117; Keystone: 36 u., 73, 81; Laif: 107; Laif / Imaginechina: 166; Laif / Martin Sasse: 162; Lindsay Hebberd / Corbis: 129; Mario Tama / Getty Images: 60/61; Martin Sasse / Laif: 19, 26/27; Matthias Jung: 186; Matthias Kulka: 83, 90/91; Mauritius: 106, 111, 113; Menahem Kahana / AFP / Getty: 69; Murat Tueremis / Laif: 28/29; Naftali Hilger / Laif: 86/87; Panos Pictures / Mark Henley: 145; Per Hoffmann: 146/147; picture-alliance / dpa: 166; Plainpicture: 96; R. & S. Michaud / Agentur Focus: 124, 142; Raffaele Celentano / Laif: 101; Raveendran / AFP: 141; Rex Features: 36 o.; Roger Viollet: 70; Rue des Archives / Tallandier: 65; Rus Press: 107; Schapowalow: 154; SIPA Press / Alfred Yaghobzadeh: 172/173; Superbild: 13, 16, 107, 120/121; The Bridgeman Art Library: 8, 80; The Image Works / Visum: 84; Topfoto: 110; Topham Picturepoint / Keystone: 106; Ullstein Bild: 37, 57 o., 72, 81, 107, 187; Ullstein Bild / Reuters: 97; Vakils, Fefer and Simons: 100; Visum: 111; Visum / Michael Wolf: 167; World Religions: 110; Zentralbild: 107